高校英语教育与课堂教学研究

黎春梅　徐　佳　米淑一◎著

中国商务出版社
·北京·

图书在版编目（CIP）数据

高校英语教育与课堂教学研究 / 黎春梅，徐佳，米淑一著. -- 北京：中国商务出版社，2023.7
ISBN 978-7-5103-4736-8

Ⅰ．①高… Ⅱ．①黎… ②徐… ③米… Ⅲ．①英语－课堂教学－教学研究－高等学校 Ⅳ．①H319.3

中国国家版本馆CIP数据核字(2023)第120099号

高校英语教育与课堂教学研究
GAOXIAO YINGYU JIAOYU YU KETANG JIAOXUE YANJIU

黎春梅　徐佳　米淑一　著

出　　版：	中国商务出版社		
地　　址：	北京市东城区安外东后巷28号	邮　编：	100710
责任部门：	教育事业部（010-64283818）		
责任编辑：	刘姝辰		
直销客服：	010-64283818		
总 发 行：	中国商务出版社发行部（010-64208388　64515150）		
网购零售：	中国商务出版社淘宝店（010-64286917）		
网　　址：	http://www.cctpress.com		
网　　店：	https://shop595663922.taobao.com		
邮　　箱：	347675974@qq.com		
印　　刷：	北京四海锦诚印刷技术有限公司		
开　　本：	787毫米×1092毫米　1/16		
印　　张：	11	字　数：	227千字
版　　次：	2024年4月第1版	印　次：	2024年4月第1次印刷
书　　号：	ISBN 978-7-5103-4736-8		
定　　价：	65.00元		

凡所购本版图书如有印装质量问题，请与本社印制部联系（电话：010-64248236）

版权所有　盗版必究　（盗版侵权举报可发邮件到本社邮箱：cctp@cctpress.com）

前 言

英语教学是丰富学生英语语言基础、发展学生英语技能水平、增强学生英语综合应用能力以及培养学生跨文化交际能力的主要渠道，同时英语教学也是向社会输出英语人才的主要通道。所以，英语教学对于学生的发展以及社会的发展都起着至关重要的作用。由于高校英语教学承担着培养语言基本功扎实、跨文化技能娴熟、国际视野宽广、专业基础宽厚的国际化人才的使命，科学、完善的高校英语教育模式就成为实现这一目标的保障。针对教育部所启动的高校英语新一轮教学改革的要求，结合目前高校英语教学现状和已有资源，积极探索建设科学、综合、立体、有机的新型高校英语教育模式，以更好地满足社会的需求，符合学校的办学目标、对接院系的专业需要，能够助推学生的发展。

本书围绕高校英语教学理论基础展开，首先论述了高校英语教学的构成因素、开展原则以及高校英语的教学模式；接着探究了学习动机与高校英语教学的关系，重点对高校英语的学习方式进行了分析；随后系统而全面地讲述了高校英语课堂教学中的词汇教学、语法教学、阅读教学以及写作教学，以培养学生听、说、读、写、译英语综合应用能力和研究能力；最后借助计算机网络技术，以小组合作的学习形式进行个性化、自主式的研究，并对高校英语教育新模式实施过程中的问题与对策进行了阐述，提出了高校英语教育新模式的成效及推广意义，以期能够为我国高校英语教学培养更多语言技能和应用能力俱佳的人才。

本书对高校英语教育于课堂教学展开探究，在整合前人研究的基础上形成了初步的研究成果，希望能够对高校英语教育起到积极的作用。在此也对涉及的研究者表示诚挚的谢意。由于编者水平有限，加之时间仓促，本书中难免有疏漏和不足之处，敬请广大读者提出宝贵意见。

目 录

第一章　高校英语教学概论 ·· 1
　　第一节　高校英语教学的理论基础 ·· 1
　　第二节　高校英语教学的构成因素 ·· 12
　　第三节　高校英语教学开展的原则 ·· 21

第二章　高校英语教学模式 ··· 30
　　第一节　交际型教学模式 ··· 30
　　第二节　"输入—输出"教学模式 ·· 34
　　第三节　分级教学模式 ··· 37
　　第四节　网络教学模式 ··· 41

第三章　高校英语学习动机与学习方式 ·· 46
　　第一节　学习动机与高校英语教学的关系 ·· 46
　　第二节　高校英语的学习方式 ·· 58

第四章　高校英语词汇与语法课堂教学 ·· 66
　　第一节　高校英语词汇课堂教学 ··· 66
　　第二节　高校英语语法课堂教学 ··· 83

第五章　高校英语阅读与写作课堂教学 ·· 95
　　第一节　高校英语阅读课堂教学 ··· 95
　　第二节　高校英语写作课堂教学 ·· 105

第六章　信息技术与高校英语课程整合的教学模式 ································· 116
　　第一节　信息技术与课程整合的理论与方法 ······································· 116

第二节　信息技术与高校英语课程的课内整合模式……………………122

第三节　信息技术与高校英语课程的课外整合模式……………………129

第七章　高校英语微课教学模式创新研究……………………………137

第一节　高校英语微课教育模式研究……………………………………137

第二节　微课模式下的英语听力教学……………………………………150

第三节　微课模式下的英语口语教学……………………………………155

第四节　微课模式下的英语阅读教学……………………………………158

第五节　微课模式下的英语写作教学……………………………………163

参考文献……………………………………………………………………168

第一章 高校英语教学概论

第一节 高校英语教学的理论基础

一、语言学理论

（一）语言功能理论

英国功能语言学派的思想始于弗斯（J. R. Firth），后来在卡特福德（Catford）、韩礼德（Halliday）等的研究中得到进一步发展。[①] 这里就重点介绍韩礼德的语言功能理论。韩礼德认为，语言是在完成其功能中不断演变的，语言的社会功能会影响到语言本身的特性。具体来说，语言功能可以分为以下三种：

1. 微观功能

微观功能是儿童在学习母语的初级阶段出现的，它包括以下七种功能：

（1）个人功能。个人功能指儿童可以运用语言来表达自己的感情、身份或观点看法。

（2）规章功能。规章功能指儿童可以通过语言来控制他人的行为。

（3）想象功能。想象功能指儿童可以运用语言来创造一个幻想的环境或世界。

（4）启发功能。启发功能指儿童可以通过语言来认识和探索周围的世界，学习和发现问题。

（5）工具功能。工具功能指儿童可以通过语言来获取物，满足其对物质的需求。

（6）相互关系功能。相互关系功能指儿童可以通过语言与他人进行交往。

（7）信息功能。信息功能指 18 个月大的儿童可以通过语言向别人传递信息。信息功能是在儿童成长后期掌握的。

需要指出的是，在儿童语言中，一句话只有一种功能而不会出现多种功能，随着儿童语言逐渐向成人语言靠拢，功能范围逐渐缩减，这些微观功能就让位于宏观功能。

2. 宏观功能

相对于微观功能，宏观功能更为复杂、丰富和抽象。它是儿童由原型语言向成人语言

[①] 王健坤. 功能语言学理论与应用 [M]. 哈尔滨：哈尔滨工程大学出版社，2011.

过渡阶段出现的语言功能。宏观功能包括以下两类：

（1）实用功能。实用功能源于儿童早期微观功能中的工具功能、相互关系功能和控制功能。它是指儿童将语言视为做事的工具或手段。

（2）理性功能。理性功能是由儿童早期微观功能中的个人功能、启发功能等演变而来。它是指儿童将语言视为学习知识和观察事物的途径和方法。

宏观功能是早期儿童语言功能的过渡期，它和微观功能、纯理功能存在功能上的延续性，这反映了人类语言为数不多的几种功能却可被运用于多种社会场合，同时也反映了人类在运用语言的过程中创造语言的必要性。

3. 纯理功能

纯理功能在功能语言学派中影响巨大。纯理功能包括以下三种：

（1）人际功能。人际功能是指语言具有表明、建立和维持社会中人的关系的作用。通过此功能，讲话者能通过某一情境来表达自己的推断、态度，并对别人的态度、行为造成影响。

（2）篇章功能。篇章功能是指语言具有创造连贯的话语或文章的功能，这些话语和文章对语境来说是切题和恰当的。韩礼德认为，语篇是具有功能的语言。

（3）概念功能是指人们以概念的形式对其经验加以解码，并对主客观世界发生的人、事、物等因素进行表达和阐述。

几乎每个句子都能体现语言的人际功能、篇章功能和概念功能，且这三种功能经常同时存在。

在如何看待语言本质的问题上，韩礼德对语言功能的论述为研究者们提供了一个全新的视角，推进了语言学界对语言的理解，后来的交际法教学流派（又称"功能—意念教学流派"）就是以韩礼德的语言功能理论为基础建立起来的。[1]

（二）克拉申的二语习得理论

20世纪70年代，克拉申（S.Krashen）针对第二外语的习得提出并发展了二语习得理论。[2] 该理论是最具争议的二语学习理论之一，共包括下面五个部分：

1. 习得—学习假设

克拉申认为，"学习"和"习得"不同，它们是培养外语能力的两种途径。"学习"是学习者通过课堂学习等方式有意识地掌握语言语法规则的过程，而"习得"是学习者在无意识的状态下形成并掌握语言能力的过程，是一种类似于小孩子学习母语的过程。习得

---

[1] 沈莹. 韩礼德系统功能语法理论的应用研究[M]. 汕头：汕头大学出版社，2018.

[2] 董娟，柴冒臣，关茗竺. 第二语言习得与外语教学研究[M]. 长春：吉林大学出版社，2017.

与学习的区别具体如表 1-1 所示。

表 1-1 习得与学习的区别

习得	学习
不知不觉的过程	意识到的过程
内化隐含的语言规则	获得明示的语言知识
正式学习无助于习得	正式学习有助于语言知识获得

克拉申认为，语言学习只能监控和修正语言，却不能发展交际能力，外语应该通过习得来获取。另外，习得能够发展交际能力。

2. 自然顺序假设

克拉申认为，一种语言的语法规则或结构是按一定的、可以预知的顺序习得的，这种情况也适用于第二语言（外语）的学习。

3. 输入假设

在克拉申看来，理想的输入应具备以下四个特点：

首先，应具有足够的输入（i+1）。i+1 是克拉申提出的著名公式。其中，i 代表习得者现有的水平，+1 表示语言材料应略高于习得者目前的语言水平。这意味着，只要习得者能理解输入的材料，且达到了一定的量，就意味着已经自动有了这种输入。

其次，应具有可理解性。输入的语言必须可以理解，不可理解的输入对学习者不仅无用，而且还会损害学生学习的积极性。可理解性的语言输入是语言习得的必要条件。

再次，应既有趣，又有关联。趣味性与关联性可以增强语言习得的效果。

最后，应按照非语法程序安排。在语言习得的过程中不必按语法程序安排教学活动，重要的是要有足够的可理解的输入。

按照克拉申的外语教学理论，外语教学时应尽量向学生提供可理解的语言输入，教师应使用一切手段来增加语言输入的可理解性。

4. 监察假设

克拉申认为，有意识的学得（知识或规则）只能起到监察的作用，这种监察作用可以发生在写或说之前或之后。

需要指出的是，学得的监察作用必须具备以下三种条件才能发挥作用：有足够的时间；知道规则；注意语言形式。此外，这种监控作用在不同的语言交际活动（如口头表达与书面表达）中会导致不同的交际效果。

5. 情感过滤假设

"情感"指学习者的动机、需求、信心、忧虑程度以及情感状态。这些情感因素会对语言的输入起到促进或阻碍的作用，因而又被视为可调节的过滤器。

根据情感过滤假设，外语学习者的积极情感态度有助于更多地输入目的语，而消极情感态度则会过滤掉很多目的语。因此，教师还应避免施加压力给学生，要努力创造一个轻松愉快、自由自在的学习气氛。

（三）斯温纳的输出假设

斯温纳（Merrill Swain）基于加拿大法语沉浸式教学结果的研究提出了输出假设。斯温纳认为，语言输入是实现语言习得的必要条件，但是除了这一必要条件还需要其他的条件，也就是说若使学习者的英语学习达到较高的水平，除了对其进行可理解的输入外，还需要考虑学习者可理解的输出。①

学习者需要充分地理解并有效地运用既有的学习资源，将其准确、合理地输出在这一过程中，学生的语言水平才得到较高程度的提升，也才能在不断输出的过程中意识到自己在语言表达方面所存在的问题。在英语教学实践中，教师应该尽可能给学生提供充足的语言表达与运用的机会，不断地培养和提高学生语言表达的准确性和流利性。斯温纳认为，语言输出的作用主要体现在以下几个方面：①检验自己所提出的假设是否正确，是否具有一定的可行性；②使学习者侧重把握语言形式；③让学习者能够有意识地进行自我反思。

斯温纳的输出假设对英语教学有一定启示。当英语教师意识到语言输出活动对语言学习的重要性之后，就会对此设计一些交际性的口头或笔头的语言实践活动来进行教学，如让学生复述、小组讨论、组织辩论等。在编写教材的过程中也会侧重添加一些实际性的语言输出活动，如角色扮演、针对某一话题发表不同意见和见解等。

（四）言语行为理论

言语行为理论作为语言语用研究中的一个重要理论，最初是由英国哲学家约翰·奥斯汀（Austin）在20世纪50年代提出的。

之后，美国的哲学语言学家塞尔（Searle）对言语行为进行了深入的探讨。因此，这里主要介绍二人的观点。

1.奥斯汀的言语行为理论

奥斯汀将话语分为表述句和施为句两大类别。此外，他还在此基础上提出了言语行为三分说。②

（1）表述句与施为句

---

① 张景伟.基于输出驱动假设的大学英语写作教学模式[J].现代交际，2014（6）：242-243.
② 杨玉成.奥斯汀：语言现象学与哲学[M].北京：商务印书馆，2002.

表述句是用来描写、报道或陈述某一客观存在的事态或事实的句子。表述句可以验证，并且具有真假值。

例如：Jim is lying in bed.

如果 Jim 确实在床上躺着，这句话就为真；反之则为假。

施为句是用来创造一个新的事态以改变世界状况的句子。施为句不可以验证，也不具有真假值。

例如：I call the toy horse Spirit.

这个句子既无法验证，也无法判断真假。这个句子的意义在于给玩具马命名，即给客观环境带来了改变。

可见，表述句与施为句的最大区别在于表述句以言指事、以言叙事，而施为句以言行事、以言施事。

（2）言语行为三分说

奥斯汀发现了表述句与施为句两分法的不足之处并修正了自己的观点，提出了更为成熟的言语行为三分说。他将言语行为分为以下三个层次：

第一，以言指事行为是指移动发音器官，发出话语，并按规则将它们排列成词、句子。它是通常意义上的行为。

第二，以言行事行为是通过说话来实施一种行为或做事。它是表明说话人意图的行为，可将以言行事行为简称为"语力"。奥斯汀将以言行事行为分为评价行为类、施权行为类、承诺行为类、论理行为类、表态行为类五个类别。

第三，以言成事行为就是以言取效行为，它是指说话带来的后果。需要说明的是，以言成事行为或以言取效行为只是用来指一句话导致的结果，不论结果如何都跟说话人的意图无关。

2. 塞尔的言语行为理论

塞尔的主要贡献是改进了奥斯汀对以言行事行为的分类，并提出了间接言语行为理论。[①]

（1）塞尔对以言行事行为的重新分类

塞尔将以言行事行为分为以下五类：

①承诺类。它表示说话人对未来的行为做出不同程度的承诺。此类行为的动词包括 threaten、pledge、vow、offer、undertake、guarantee、refuse、promise、commit 等。

②表达类。它表达说话人的某种心理状态。此类行为的动词包括 congratulate、

---

① 孔慧. 塞尔言语行为理论探要[M]. 上海：上海人民出版社，2015.

regret、welcome、condole、boast 等。

③断言类。它表示说话人对某事做出真假判断或一定程度的表态。此类行为的动词包括 deny、state、assert、affirm、remind、inform、notify、claim 等。

④宣告类。它表示说话人所表达的命题内容与客观现实之间的一致。此类行为的动词包括 nominate、name、announce、declare、appoint、bless、christen、resign 等。

⑤指令类。它表示说话人不同程度地指使或命令听话人去做某事。此类行为的动词包括 request、demand、invite、order、urge、advise、propose、suggest 等。

塞尔的重新分类具有很强的科学性，直到今天仍在使用。

（2）间接言语行为理论

所谓间接言语行为，就是通过实施另一行为而间接得以实施的言语行为。

例如：Can you pass the bottle for me?

这种言语行为虽然表面上在进行"询问"，但实际上表达的是一种"请求"行为，即"请求"是通过"询问"间接实施的。

塞尔进一步将间接言语行为分为规约性间接言语行为和非规约性间接言语行为两个类别。规约性间接言语行为通常出于对听话人的礼貌，且根据话语的句法形式可立即推断出其语用的用意。而非规约性间接言语行为往往比较复杂，需要更多地依靠交际双方共知的语言信息与所处的语境来进行推断。

二、心理学理论

（一）行为主义心理学

行为主义学习理论最初来源于俄国生理学家巴甫洛夫（Ivan Pavlov）的"条件反射"概念。20世纪初，美国心理学家华生（John B. Watson）创立了行为主义学习理论。美国学者斯金纳（B. F. Skinner）对华生的行为主义进行了继承和发展。①这里主要介绍此二人的观点理论。

1. 华生经典行为主义理论

华生把有机体应付环境的一切活动称为"行为"，行为的基本成分是反应，反应分为习得的反应和非习得的反应。前者包括我们一切复杂习惯和我们的一切条件反射，后者则指我们在条件反射和习惯方式形成之前的婴儿期所做的一切反应。他将引发有机体反应的外部和内部的变化称为"刺激"，而刺激必然属于物理的或化学的变化。任何复杂的环境变化，最终总是通过物理变化或化学变化转化为刺激作用于人的身上。换句话说，刺激和

---

① 张厚粲. 行为主义心理学 [M]. 杭州：浙江教育出版社，2003.

反应都属于物理变化或化学变化，由此便形成刺激－反应（S-R）公式，通过刺激可以预测反应，通过反应可以推测刺激。

华生认为，学习就是以一种刺激替代另一种刺激建立条件反射的过程。在他看来，人类出生时只有几个反射和情绪反应，所有其他行为都是通过条件反射建立新的刺激—反应（S-R）连接而形成的。

华生主张心理学应该摒弃意识、意象等太多主观的东西，只研究所观察到的并能客观地加以测量的刺激和反应，无须理会其中间环节，华生称之为"黑箱作业"。他认为人类的行为都是后天习得的，环境决定了一个人的行为模式，无论是正常的行为还是病态的行为都是经过学习而获得的，也可以通过学习而更改、增加或消除。查明了环境刺激与行为反应之间的规律性关系，就能根据刺激预知反应，或根据反应推断刺激，达到预测并控制动物和人的行为的目的。行为就是有机体用以适应环境刺激的各种躯体反应的组合，有的表现在外表，有的隐藏在内部，在他眼里人和动物没什么差异，都遵循同样的规律。

2. 斯金纳新行为主义理论

斯金纳从行为主义角度对言语行为系统进行了分析，认为人们的言语以及言语中的各个部分都是在受到内部或外部的刺激的情况下产生的。具体来说，斯金纳提出了"操作性条件反射"的观点，这一观点强调语言学习的过程是一个不间断的操作过程，即发出动作然后得到一个结果或一个目的，这一动作就被称为"操作"。如果这一动作的结果是满意的，操作者就会重复"操作"，这时"操作"便得到"强化"，也称为"正向强化"。儿童的语言学习过程正是这样一个不间断的"操作"过程，使语言行为逐步形成。

斯金纳认为，在某一语言环境中，他人的声音、手势、表情和动作等都可以成为强化的手段。例如，教师可以通过表扬、肯定、满意的表示，使学生的某种言语行为得到强化。只有言语行为不断得到强化，学生才能逐渐养成语言习惯，学会使用与其语言社区相适应的语言形式。如果没有得到强化，语言习惯就不能形成，语言也就不能学习到。在学习时，只有反应"重复"出现，学习才能发生。因此，"重复"在学习中的作用是不容忽视的。

行为主义的学习模式具体如图1-1所示。

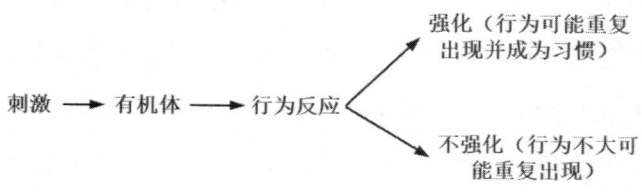

图1-1　行为主义的学习模式

通过上述介绍可以看出，行为主义学习理论的形成主要基于以下六个观点：

（1）语言是一种习惯，是人类所有行为的基本部分，是在外界条件的作用下逐步形成的。

（2）在语言习得和语言学习过程中，外部影响是内在行为变化的主要因素。因此，语言行为和习惯是受外部刺激的影响而发生变化，而不是受内在行为的影响。

（3）儿童习得和学习语言的过程是按照操作制约的过程进行的，即发出动作—获得结果—得到强化。这也是儿童习得语言的最基本的客观规律。

（4）学习是刺激与反应的连接，其基本公式为 S –R。也就是说，有怎样的刺激，就有怎样的反应。

（5）学习过程是一种渐进的尝试—错误的反复循环—最后成功的过程。学习进程的步子要小，认识事物要由部分到整体。

（6）强化是学习成功的关键。语言行为需要正向强化才能形成并得到巩固。正向强化主要指学习上的成就感及他人的赞许和鼓励，它是帮助学习者形成语言习惯重要的外部影响因素。

当然，行为主义学习理论有很多不足之处，如它完全否认人类学习的内在心理机制，忽视了人类的主观能动性，难免会走向机械主义和环境决定论，受到认知主义等学习流派的批评。尽管如此，行为主义心理学的研究对英语教学仍有着重大影响，这些影响明显体现在实际的英语教学实践中。例如，在语言学习的初级阶段，学生的不断观察、模仿和实践就是遵循了行为主义的学习理论。在外语教学的初级阶段，反复操练被看作是语言学习的一个重要且有效的手段，并得到了广泛的应用。

（二）人本主义心理学

人本主义的学习理论起源于20世纪五六十年代在美国兴起的一种心理学思潮，被称为"心理学的第三势力"。人本主义心理学起初并不形成于对学习和学习过程的研究，而是从临床心理学家、社会工作者和心理咨询工作者等一些对人类行为的基本原理和基本假设持有相似观点的心理学家的应用研究中产生的。人本主义心理学的主要发起者是马斯洛（A.H.Maslow），近年来影响较大的代表人物是罗杰斯（C.R.Rogers）。[①] 他们认为，教育能够为学习者提供一个心理环境，这个环境充满人情味，学习者在这个环境中得到辅导并将其固有潜能充分地发挥出来。下面对他们的观点进行具体介绍。

---

① 车文博．人本主义心理学[M]．杭州：浙江教育出版社，2003．

1. 学习动机论

人本主义心理学的动机论是以马斯洛的"需求层次论"为基础的：马斯洛从人的自我实现需要出发，将人的需要从低级到高级分为五个等级：生理需求、安全需求、社交需求、尊重需求、自我实现需求。其中，自我实现需求指的是人类能把自身中的潜在东西变成现实的东西的基本倾向，是最高层次的需求。自我实现是对天赋、能力、潜力等的充分的开拓和利用。这样的人能够实现自己的愿望，对他们力所能及的事总是尽力去完成。马斯洛认为，人具有"自我实现"的动机，有"自我实现"需要的人总是致力于他们认为重要的学习和工作。

以马斯洛的需求层次理论为基础，罗杰斯提出了"自我实现"的三个阶段：

（1）"映射"阶段。在这一阶段，人的自我发展是由外界要求的"映射"产生的。例如，学生说："我要努力学习，因为老师这样要求我们。"

（2）混乱阶段。当学生有一定的自我意识时，教师对学生的要求往往与学生自己的观点产生矛盾，结果造成学生无所适从，处于混乱阶段。

（3）自我实现阶段。当学生的自我意识占据主导地位并认识到了自己的价值和能力时，学生便能独立地、创造性地做出判断和决定，从而实现自己的愿望。

马斯洛还针对如何使学生具备"自我实现"的学习动机的问题提出了许多策略性的建议，主要有以下几点：

（1）避开过去。学生在学习时，应将全部身心投入到学习中，排除先前事件的影响。特别是对于差生来说，如果他们总是持有"我以前学得不好"的观念，那么他们将会停滞不前，不能取得进步。

（2）保持积极接受的态度。所谓积极接受的态度，是指学生学习时，既要全神贯注、独立思考，又要虚心接受别人的意见。马斯洛指出，当我们以非干扰和安全接纳的方式与别人相处时，就能感受到更多东西。因此，同学之间的互帮互学十分重要。

（3）防止两种心理障碍。其一是"低俗化"，即自以为看透所有世俗，不相信神圣的、美好的东西。其二是"约拿情结"，这是指那种畏惧美好和神圣事物的心理障碍。

2. 学习类型论

罗杰斯将学习分为两类，即无意义学习和有意义学习。

（1）无意义学习

罗杰斯认为，无意义学习只涉及心智，它不涉及人的感情或个人意义，与完整的人无关。无意义学习类似于无意义音节的学习。学生要记住这些无意义音节是一项困难的任务，因为它们是枯燥乏味、无关紧要、很快就会忘记的东西。在罗杰斯看来，学生在课堂里学习的内容，有许多对学生来说都具有这种无意义的性质。几乎每个学生都会发现，他们课程中有很大一部分内容对自己是无个人意义的。

（2）有意义学习

有意义学习不仅是一种增长知识的学习，而且是一种与每个人各部分经验都融合在一起的学习，是一种使个体的行为、态度、个性以及未来选择行动方针时发生重大变化的学习。例如，一个5岁小孩迁居到另一个国家，在不进行任何语言教学的情况下，让他每天与新的小伙伴们一起自由地玩耍，他在几个月内就会掌握一种新的语言，而且还会习得当地的口音。原因就在于他是以一种对自己有意义的方式去学习新语言的，所以学习速度极快。倘若请一个专门的语言教师去教他，在教学过程中使用对教师有意义的材料，那么他的学习速度将会极其缓慢，甚至停滞不前。罗杰斯认为，意义学习能将逻辑与直觉、理智与情感、概念与经验、观念与意义等结合在一起。当我们以这种方式学习时，我们就成了一个完整的人，即成了能够充分利用我们自己所有阳刚和阴柔方面的能力来学习的人。

罗杰斯认为，有意义学习包括如下四个要素：

其一，学习具有个人参与的性质，即整个人的认知和情感都投入到学习活动之中。

其二，学习是自我发起的，学生由于内在的愿望主动去探索、发现和了解事件的意义。

其三，学习是渗透性的，它会使学生的行为、态度乃至个性发生变化。

其四，学习是由学生自我评价的，学生自己评估自己的学习需求、学习目标是否完成等，因为只有学生最清楚某种学习是否满足自己的需要、是否有助于获取他想要知道的东西、是否明了自己原来不甚清楚的某些方面。

3. 学习实质论

人本主义心理学指出学习的实质是形成与获得经验，学习的过程就是经验的形成与获得的过程。在人本主义心理学的基础上，人本主义学习理论则从以下四个方面来解释学习的实质：

（1）学习即"形成"

人本主义学习理论重视学习方法的学习和掌握，强调在学习过程中获得知识和经验。在实际学习过程中，很多有意义的知识或经验不是从现成的知识中学到的，而是在做的过程中获得的。学生通过参加学习活动，进行自我发现、自我评价和自我创造，从而获得有价值的、有意义的经验，获得如何进行学习的方法或经验。所以，最有用的学习是学会如何进行学习。

（2）学习即理解

罗杰斯认为，个人的学习不是机械的刺激和反应之间的连接的总和，而是一个心理过程，是个人对知觉的解释。具有不同经验的两个人在知觉同一事物时，往往会出现不一致的反应，这是因为两个人对知觉的解释不同，所以他们所认识的世界以及对这个世界的反应也不同，而并非所谓的连接的不同所致。因此，要了解一个学生的学习过程，关键是要了解学生对外界情境或刺激的解释，而不是只了解外界情境或外界刺激。

（3）学习即潜能的发挥

人本主义心理学家认为，人类具有学习的自然倾向或学习的内在潜能，人类的学习是一种自发的、有目的、有选择的学习过程。人本主义的学习观将学生看作是一个有目的、能够选择和塑造自己行为并从中得到满足的人。因此，教学的任务就是创设一种能够有效激发学生学习潜能的情境，以使学生的潜能得以充分发挥。罗杰斯强调教学要以学生为中心，教师的任务是帮助学生增强对自我和变化的环境的理解。此外，人本主义学习理论还强调学习过程应该是一个愉快的过程，在教学中不应将强迫、惩罚以及种种要求或约束作为促进学生学习的方法。

（4）学习是对学生有价值的学习

马斯洛和罗杰斯都强调，学习的内容应该是对学生有价值、有意义的知识或经验。罗杰斯认为，只有当学生真正地了解所学内容的用处时，才能进行最好的、最有效的学习。通常来说，学生感兴趣并认为是有用处、有价值的经验或技能比较容易学习和保持；而那些学生认为是价值小且效用不大的经验或技能通常学习起来很困难，也容易遗忘。人本主义学习观提示教师要尊重学生的兴趣和爱好，尊重学生自我实现的需要，在课程内容的设置上给学生以充分的自由，允许学生根据自己的兴趣和爱好以及自我需要来选择有关的学习内容。

（三）认知心理学

认知学习理论是通过研究人的认知过程来探索学习规律的学习理论。认知学习理论倡导者认为，学习就是面对当前的问题情境，在内心经过积极的组织，从而形成和发展认知结构的过程，强调刺激—反应之间的联系是以意识为中介的，强调认知过程的重要性。认知学习理论的代表人物有很多，其中皮亚杰（J.Piaget）是杰出的一个。[1] 皮亚杰创立了日内瓦学派和信息加工心理学，即运用信息加工的观点研究人的认知活动。

皮亚杰认为，无论一个人的知识多么高深、复杂，都可以追溯到他的童年，甚至是胚

---

[1] 王宝庆，袁月萍. 认知心理学［M］. 牡丹江：黑龙江朝鲜民族出版社，2002.

胎时期。皮亚杰的理论试图以认知的社会、历史根源以及认知所依据的概念和"运算"的心理起源为依据来解释认知，尤其是科学认知。在皮亚杰看来，人出生以后如何形成认知、发展思维，受哪些因素制约，各种不同水平的智力及思维结构是如何先后出现的等问题都值得研究。因此，他的研究主要集中在两个方面：认知发展的阶段性问题和认知发展的机制。其中，认知发展的阶段理论最具有广泛的影响意义。皮亚杰从认知图式的性质出发，将儿童的认知发展划分为以下四个阶段：

1. 感知运动阶段（0～2岁）。在这一阶段，儿童处于智力与思维萌芽的阶段，儿童主要靠感觉和动作来认识周围世界。

2. 前运算阶段（2～7岁）。在这一阶段，儿童脑海里开始有事物的表象，并且能够用词代表头脑中的表象，认知开始具备符号功能。尽管他们能够进行初级的抽象，并且能够理解初级概念以及期间概念，但是在他们的认知结构中，知觉表象仍然是占有优势的，他们的主要思维形式仍然是形象思维和直觉思维。

3. 具体运算阶段（7～11岁）。在这一阶段，儿童的思维水平有了实质的变化。他们的认知结构中有了抽象的概念，并具备了一定的逻辑推理能力。此时，借助具体事物和形象，儿童可以做出一定程度的推理。

4. 形式运算阶段（11～15岁以后）。在这一阶段，儿童逐渐摆脱了具体实际经验对推理的控制，能够做到不借助具体事物，做出符号形式的推理假设。

在影响人的心理发展的因素上，皮亚杰认为成熟、练习和经验、社会性经验、平衡化是四个基本因素。

总之，认知心理学冲破了行为主义对心理学的禁锢，对原先无法探测的大脑活动过程进行科学的抽象，简化为可以直接观察的心理模型，通过客观方法研究更加高级和复杂的认知活动，使人类对自身的认识向前推进了一大步。

第二节　高校英语教学的构成因素

一、教师

教师是教学活动的组织者，也是影响教学效果的最重要变量之一。教师的主导作用是在与学生的交往中得以实现的。教师在教学过程中，除了要充分发挥自身的主导作用，更要注重自身素质的提高。一名合格的英语教师应该具备以下三个方面的基本素质：

（一）专业素养

教师专业方面的素养包括如下几个方面：

1. 综合教学能力

综合教学技能是指在英语教学中所需要的语言本身之外的教学能力，主要包括书写、唱歌、绘画、制作、表演等。较强综合教学技能要求如下：能写，即书写字迹工整规范；能唱，即能够结合学生学习的进程编写、教唱学生喜爱的英文歌曲；会画，即会画简笔画，并能运用于教学中；会制作，即能够设计制作适用于教学的各种教具，包括幻灯片、录像、电脑软件等；善表演，即能够充分利用体态语，以丰富的表情、协调的动作表达意义或情感，做到有声有色。

2. 系统的教学理论知识

系统的教学理论知识也是英语教师必须掌握的。所谓系统的教学理论知识，是指教师除了要具备教育学、心理学理论以外，还要掌握英语教学理论知识，这主要包括现代语言知识、英语习得理论知识和英语教学法知识等。

3. 较高的语言水平

较高的语言水平是一名英语教师的基础，主要包括扎实的语言专业知识和较高的语言技能。教师不仅要具备系统的英语语音、语法知识，还要具备较大的词汇量，同时要具有良好的听、说、读、写能力。较高的语言水平是开展教学活动的基本保障，教师只有具备较高的语言水平，才能全面地掌握教材，才能向学生传授英语语言知识，培养学生的英语语言技能。

4. 英语教学的组织能力

英语教学的组织能力主要指教师动员和组织学生集体进行学习的能力。这一能力主要表现在教师有效地掌握课堂、有效地动员学生积极参加学习等方面。在有效掌握课堂方面，教师要做到以下几点：注意教材内容、自己的言语和言语表达；注意学生理解和表达的正确性，包括语音、语法、词汇及思想表达等方面的内容；注意课堂情绪和纪律；注意掌握学生的注意力。做到以上几点，教师才可以使课堂教学井然有序。要想有效动员学生积极参与学习，教师需要具有一定的创造性。教师一进课堂就会进入一种创造性的境界，思维活跃，能够很容易地自由运用知识技能，从而使学生得到有力的感染，愿意全身心地投入教师引导的学习活动中。教师流利的英语本身就是动员学生的一种力量，教师发音要清晰、准确流利，内容易懂、明确。而且，还要能根据学生的语言水平来组织自己的语言，使用

13

学生学习过的词汇和语法结构。

5. 传授和培养英语知识技能的能力

（1）教师要善于讲解

讲解是所有教师所必须具备的最主要、最基本的工作能力。一名合格的教师要善于将复杂的教学内容变得通俗易懂，能够深入浅出地进行讲解。为此，教师不仅要充分了解学生的心理、生理特点以及学生的英语水平，还要认真细致地做好备课，并且要根据不同的内容选择适当的讲授方法，在讲解的过程中还要做到重点突出。

（2）教师要善于示范

英语教学既要传授知识，又要培养技能。学生语言技能的训练包括发音、书写、朗读、说话，这些都需要教师进行示范，然后学生对教师的示范进行模仿。教师要将示范和讲解相结合，用示范配合讲解，或者用讲解来突出示范中的重点，做到示范正确标准。由于示范是为了让学生进行模仿，因此还要与学生的实践相结合。

（3）教师还要善于提问启发

向学生提问是英语教学的重要手段，教师要善于使用这一手段。例如，在讲授新知识之前通过提问来复习旧知识；用提问检查与复习讲授的内容。使用提问教学手段时教师要注意两点：提出的问题要适合学生的实际水平；提问要注意调动全班学生的积极性。

（4）教师要善于引导学生进行练习

语言技能的培养需要大量的语言实践，如语音练习、语法练习、口语表达练习、听力培养练习、阅读练习、写作练习等。教师要熟悉各种练习形式的作用，并在英语课堂教学中引导学生进行各种练习活动，有效培养学生的语言技能。

（5）教师要善于纠正学生言语中的错误

学生学习英语是一个逐步进步的学习过程，在这个过程中难免会出现错误。有些错误是学生可以自行改正的，教师对此类错误不必纠正。而对于有些必须纠正的错误，教师也应该有策略、有技巧地进行纠正。哪些错误需要纠正，哪些错误不需要纠正，在何时纠正，如何纠正，都反映着教师的教学实践素质。

6. 较强的科研能力

以往的英语教学只要求教师具备一定的语言水平和教学水平。但是随着时代的发展，教育对教师提出了新的要求，教师除了语言水平和教学水平外，还要具备较强的教育科研意识和科研能力。

一名优秀的英语教师不仅是教学的实践者，还应该是科研的参与者，是英语教学与学习规律的研究者。长期以来，我国的英语教学在很大程度上是照搬国外的英语教学理论和教学方法。这在一定程度上促进了我国英语教学的发展。但是，由于这些理论和方法大多是针对第二语言学习者提出的，而且我国的英语教学具有自己独特的语言文化背景，我国学习者具有自己独特的生理与心理特点，因此这些理论与方法并不一定适合我国的英语教学。为了提高我国英语教学的效果，我国不应满足于借鉴国外的教学理论与方法，还应充分考虑中国的特色，结合我国的教学实践，通过融合与创新，努力探索具有中国特色的英语教学之路。为此，教师应该结合自己的教学经验和教学实践，通过不断调查研究教学实践过程，分析总结经验，改进教学，并将其中成功的经验上升为新的理论，丰富我国的英语教学实践，促进我国英语教学的发展。

（二）师德素养

师德是教师最重要的素养，也是教师从事教育教学活动的动力源泉。师德决定着教师对学生的热爱、对事业的忠诚、对教学执着的追求和对人格的塑造。同时，师德还直接影响着学生的成长。因此，英语教师必须具有坚定的理想信念，科学的世界观、人生观、价值观，忠于人民的教育事业，具有爱岗敬业的奉献精神，热爱学生。教师只有自身真正懂得奉献、体现公正、具有责任感，才能言传身教。

（三）人格素养

人格素养是教师素养的综合体现。"学高为师，身正为范"概括了教师的职业特征和专业特征，同时也概括了对现代英语教师人格塑造的要求。一名优秀的英语教师应具有高尚的道德品行，令人愉快的个人性格，宽容、谦逊、好学的品质，正确的自我意识，良好的心理素质，幽默的语言表达，和谐的人际交往，端庄的仪表风度，崇高的审美素质，积极耐心的工作态度以及丰富的知识经验等。这些方面并不是孤立的，而是相互联系、相互影响的。

二、学生

学生是英语课堂教学的主体和中心。每个学生都是独特的个体，他们之间存在着各种差异，这些差异尤其体现在语言潜能、认知风格、学习动机、学习态度以及自身性格等方面，而且这些差异使他们理解和掌握新知识的速度和程度不尽相同。这里重点分析一下学生在各方面存在的差异。

（一）语言潜能差异

语言潜能是学习英语所需要的认知素质，或是学习英语的能力倾向，它是一种固定的天资。努力提高学生英语素质就是要培养学生的综合语言运用能力，而语言潜能正是就学生的认知素质来预测其学习英语的潜在能力。外语学习能力应包括以下几种：

1. 语音编码、解码能力，即关于输入处理的能力。
2. 归纳性语言学习能力，它是有关语言材料的组织和操作能力。
3. 语法敏感性，它是从语言材料中推断语言规则的能力。
4. 联想记忆能力，它是关于新材料的吸收和同化能力。

不同学生的语言潜能存在着差异。在教学过程中，教师应了解学生的语言潜能进而因材施教，使之针对不同的学习任务在不同场合发挥各自的长处，以收到事半功倍的效果。

（二）认知风格差异

认知风格是指人在信息加工（包括接受、储存、转化、提取和使用）过程中，表现出来的认知组织和认知功能方面的持久一贯的风格，它既包括个体知觉、记忆、思维等认知过程方面的差异，也包括个体态度、动机等人格形成和认知功能与认知能力方面的差异。不同的学习个体有不同的认知风格。应该说，不同的认知风格各有其优势和劣势，但这并不代表学生的学习成绩有差别。学生之间可以有各自偏爱的信息加工方式，在学习不同材料时也会各有所长。当学生的认知风格与教师的教学风格、学习环境中的其他因素相吻合时，其学习成绩会更好。因此，教师应了解并尊重学生不同的认知风格类型，针对不同的学习任务和学习环境因材施教，妥善引导，使自己的教学特点与学生的需要有机联系，进而取得良好的教学效果。

（三）情感因素差异

情感因素方面的差异主要涉及以下几个方面：

1. 学习动机

学习动机是指激发个体进行学习活动，维持已引起的学习活动，并使行为朝向一定的学习目标的一种内在过程或内部心理状态，是直接推动学生进行英语学习的内部动力，是影响英语学习成绩的一个关键因素。学习动机来源于学习活动，也是学习活动得以发动、维持、完成的重要条件，并由此影响学习效果。

2. 性格

性格是指一个人对现实的态度和行为方式表现得比较稳定但又可变的心理特征，是学生的重要情感因素，也是决定其英语学习成功的关键因素之一。人的性格大体可以分为外向型和内向型两种。外向型的学生有利于交际方面的学习，因其喜欢交际，不怕出错，能积极参与英语学习活动，并在活动中寻求更多的学习机会；而内向型的学生在发展认知型学术语言能力上更占优势，因其善于利用沉静的性格从事阅读和写作。对教师来说，研究学生性格差异的最终目的，是为了充分了解学生的个体差异和不同的心理状态，发挥不同性格学生的优势，因材施教，以获得更理想的教学效果。

3. 态度

态度是指个体对待他人或事物的稳定的心理倾向或为达到某种目的而做出的一定努力，是影响英语学习的重要因素之一。态度包括三个方面：情感成分，即对某一个目标的好恶程度；认知成分，即对某一个目标的信念；意动成分，即对某一个目标的行动意向以及实际行动。一般来说，对异文化抱有好感，向往其生活方式，渴望了解其历史、文化和社会风俗的学生，对其文化与语言会持积极的态度，这样就可以获得良好的学习效果。反之，如果对某外族文化抱有轻蔑、厌恶甚至仇视态度的学生，则很难认真了解该文化并学好语言。此外，学生对学习材料、教学活动的组织形式及对教师的态度，都会影响到他们英语学习的效果。

对学生个体差异的分析是为了使教师能够根据学生的个体差异制订教学计划，选择适合的教学材料和方法，具有重要的实践意义。

三、教学内容

教学内容是连接学生和教师之间的桥梁，也是教学实践中不可或缺的一个重要构成因素。所谓教学内容，就是指在教学活动中为实现教学目标，师生共同作用的知识、技巧、技能、思想、观点、概念、事实、问题、行为习惯等的总和。教学内容是一种特殊的知识系统，既不同于语言知识本身，也不同于日常经历；既要考虑英语学科本身的知识体系，又要考虑学生的年龄特点和实际需求等。一般来说，教学内容包括以下几个方面：

（一）语言知识

基础英语语言知识是综合英语运用能力的有机组成部分，是语言学习和语言运用的重要内容之一。没有扎实的语言知识，就不可能具有较强的语言能力。

（二）语言技能

听、说、读、写是学习和运用语言必备的四项语言基本技能，是他们形成综合语言运用能力的重要基础和手段。听是分辨和理解话语的能力；说是运用口语表达思想、输出信息的能力；读是辨认和理解书面语言的能力；写是运用书面语表达思想、输出信息的能力。学生通过大量听、说、读、写的专项和综合性语言实践活动，形成这四种技能的综合运用能力，为真实语言交际奠定基础。

（三）情感态度

所谓情感态度，是指兴趣、动机、自信、意志和合作精神等影响学生学习过程和学习效果的相关因素，还有在学习过程中逐渐形成的祖国意识和国际视野。在教学中，教师应不断激发并强化学生的学习兴趣，引导他们逐渐将兴趣转化为稳定的学习动机，树立自信心，锻炼克服困难的意志，认识学习的优势与不足，乐于与他人合作，养成和谐和健康向上的品格。

（四）文化意识

在英语教学中，文化指所学语言国家的历史地理、风土人情、传统风俗、生活方式、文学艺术、行为规范、价值观念等。对学生来说，接触和了解英语国家文化有益于学生对英语的理解和使用，加深对本国文化的理解与认识，有利于提高人文素养，培养世界意识。因此，教师在教学中要主动向学生渗透文化意识，根据学生的年龄特点和认知能力，传授文化知识，培养文化意识和世界意识。

（五）学习策略

学习策略是指学生为有效地学习和发展而采取的各种行动和步骤。英语学习的策略包括认知策略、调控策略、交际策略和资源策略等。培养学习策略有助于学生有效学习英语，为终身学习奠定基础。使用有效的英语学习策略，可以改进英语学习方式，提升学习效果，还可以让学生学会如何学习，从而培养学生自主的终身学习能力。因此，教师要有意识地帮助学生形成适合自己的学习策略，对自己的学习过程和效果进行监控和反思，培养学生根据学习风格不断调整学习策略的能力，引导学生观察他人的学习策略，与他人交流学习体会，尝试不同的学习策略。

教材是教学内容的重要载体。在新课程改革中，教材是重要的教育教学因素。教材是教师用来教学的材料，也是学生用来学习的材料。简单地说，教材是为教师的教和学生的学服务的，是课堂的必需要素。然而，教材是死的，学生是不断变化的，而且任何教材的编写都受编者水平和资料的限制，不可避免地会存在某些缺点和不足。如果教师一味地以完成教学任务为目的，忽略学生的反应，按部就班地使用教材，恐怕很难起到促进学习的作用。因此，在教学过程中，教师应灵活处理不同的教材，在课上或课下询问学生的感受，及时调整教学的方法和进度。

四、教学环境

任何教学活动都是在一定的教学环境中进行的，教学环境是教学活动的基本要素之一，是开展教学活动的依托。同样，英语教学也必须在现实的英语教育环境中进行，所以英语教育受制于环境这一因素。

（一）教学环境的构成要素

英语教学环境是指英语教学赖以进行的实际条件，即能稳定教学结构、制约教学运作、促进个体发展的教育条件和环境因素。环境因素是制约和影响英语教学活动和效果的外部条件。教学环境主要由以下几个要素构成：

1. 学校环境

学校是为学生提供学习场所和学习手段的最佳环境，它对英语教学的影响更为重要和直接，决定着绝大多数学生英语学习的成败。学校环境主要包括课堂教学、接触英语时间的频率、班级的大小、教学设施、教学资料、英语课外活动、英语教师及其他教职工对英语的态度及其英语水平、校风班风和师生人际关系等。

2. 社会环境

社会环境是影响和制约英语教学过程的重要因素，它主要指社会制度、国家的教育方针、英语教育政策、经济发展状况、科学技术水平、人文精神、社会群体对英语学习的态度以及社会对英语的需求程度等。社会环境因素是英语教学向前发展的动力，对英语教学具有重要的导向作用。

3. 个人环境

个人环境主要包括学生的家庭成员、同学、朋友的社会地位，物质生活条件，文化水平，职业特点和对英语学习的态度、经验、水平及学习方式，成员之间的关系及感情，学生的经济状况，拥有的英语学习设备和用具等。个人环境也会对学生的英语学习产生一定程度的影响。

（二）教学环境对英语教学的意义

成功的英语语言学习活动离不开其得以存在、发展、交流、应用的各种环境因素。教学环境潜在地影响着教学活动的效果，是学生学习活动赖以进行的主要环境。教学环境对英语教学的意义主要表现在以下几个方面：

1. 促进教师在教学中更加努力地营造良好的英语课堂教学环境，充分利用现代化教学手段与教学资源，优化教学环境，提高学生对英语的运用能力。

2. 可以帮助教师正确认识环境对学生英语学习的客观影响，结合中国的英语教学实际，理性地分析、判断和选择外国的英语教学理论和教学方法。

3. 可以帮助教师有效地加工语言输入材料，科学地设计语言练习，创设良好的课堂英语使用环境。

4. 有利于教师在不断学习和实践优化课堂教学环境的策略，创设良好的英语教学环境的过程中，提高其自身的教学素质。

五、教学方法

语言教学教无定法，贵在有法。在英语教学历史上，有多种教学方法都曾经发挥过重要作用，有效地促进了英语教学的发展。例如，翻译法、直接法、自觉对比法、听说法、视听法、认知法、功能法，以及由此派生出来的口语法、全身反应法、自然法、沉默法、暗示法、交际法等。但是，实践证明，没有哪一种教学方法是最好的、最有效的，也没有哪一种方法适用于所有时期、所有地区、所有教学内容。如果一个教师在英语教学中，采用一成不变的教学方法，必然会使学生感到厌烦。而且，不同的教学方法对不同的语言知识、语言技能各有侧重，综合、灵活地运用各种教学方法，才能有效促进学生英语能力的提高，才有利于学生英语水平的全面发展。

在英语教学中，教师应该注意无论使用什么样的教学方法，都必须以学生的语言交际作为教学的出发点，尽量将教学与日常实际生活结合起来，鼓励学生有创造性地、有目的地运用已学语言材料，在新的生活场景中重新组织语句，表达自己的感情。同时，教师应力求使教学过程交际化，教材内容选自真实生活中的自然交际，适合学生的年龄，对处于不同阶段的学生采取不同的教学方法。

第三节　高校英语教学开展的原则

一、以学生为中心原则

学生是教学活动的主体与内在因素，英语教学要以学生为中心，充分发挥学生的主观能动性，提高教学效率。在英语教学中，实施学生中心原则要求教师从以下两个方面着手进行：教材分析要以学生为中心、教学方法与手段的选择要以学生为中心。

（一）教材分析要以学生为中心

教材分析时，教师应充分理解并把握教学内容，了解学生所处的不同阶段的实际情况以及学生的学习能力状况，以此作为调整教学目标与任务的依据；教师还要根据学生的需要，对教材内容和活动进行心理化处理和最优化处理，使教材与学生的经验与体验结合起来，将教材内容变成问题的链接和师生对话的中介，使教材更好地服务于教学。

（二）教学方法和手段的选择要以学生为中心

在英语教学过程中，教师应选取多样化的教学方法和手段，做到以学生为中心。直观的教学方法可以使学生直接感受和理解语言，通过视、听、说可以激发学生参与的兴趣，强化记忆。形象化教学手段可以适应学生的直觉思维特点，因此教师可选择一些利于激发学生兴趣和好奇心的媒体，如幻灯、投影、模型、录音、图片等，使他们积极地参与课堂学习，自然地感知语言，满足个人的需求。

二、循序渐进原则

英语教学的循序渐进原则主要包括以下三层含义：

第一，语言的学习应从口语开始，然后逐渐过渡到书面语。英语包括两种形式：口语和书面语，且口语早于书面语出现。与书面语相比，口语词汇通常较为常用，句子结构简单，学习起来比较容易。学生通过口语的学习可以尽快地获得交际技能，满足日常交际的需要，这样就达到了学用结合的目的。

第二，就听、说、读、写等语言技能的培养而言，教师应该首先侧重培养学生的听说能力，逐渐过渡到读写技能的培养上。听、说、读、写是英语的四项基本技能，应该全面发展，但是在不同的阶段，侧重点应有所不同。听说教学能使学生掌握基础的语言知识，包括语音、词汇、句子结构等，这为读写能力的培养奠定了基础。因此，在英语学习的初级阶段，教师应加强"听、说"的教学，然后再逐步向"读、写"教学过渡。

  第三，英语语言知识、语言技能以及使用语言的能力的完成与提高是一个循序渐进的过程。学习英语是一个螺旋式发展的过程，需要反复的循环，但这种循环并非单一的重复，每一次重复在难度和深度上都有所提高。此外，循环往复要求教学中要做到以旧带新，从已知到未知。因此，教师应以学生已有的语言知识和已熟悉的语言技能为出发点，传授新知识，培养新的技能。

三、输入优先原则

  英语教学要坚持输入优先原则。所谓输入和输出，是指学生通过听和读接触英语语言材料以及学生通过说和写来进行表达。语言输入的量越大、质量越好，语言输出的能力就越强。可见，输入是输出的基础。

  对外语学习中对待语言输入的三个方面特点的总结和归纳：①可理解性，是对所输入语言材料的理解；②趣味性和恰当性，指学习者对所输入的语言材料要感兴趣；③足够的输入量。足够的输入量在英语教学中也至关重要，但目前英语教学对此点有所忽视。

  基于以上对语言输入三方面特点的总结，在英语教学中坚持输入优先原则要注意以下几个方面：①注重输入内容和输入形式的多样化。输入形式可以包括声音、图像、文字等，语言题材和体裁要内容广泛、来源多样。例如，利用在日常生活中每天都会接触的文具、衣服、道路标志、电器等就可以帮助学生在潜意识中学到许多英语。②教师可以通过视听、听和读等多种手段，尽可能多地让学生接触英语，多给学生可理解的语言输入。教师应该打破课内外的界限，利用声像材料的示范、贴近学生日常生活和学习、适合学生的英语水平、具有时代特色的读物等，扩大学生的语言接触面，增加学生的语言输入，以利于学生更好地学好英语。③着重强调学生的理解能力，为学生提供的语言材料要切合学生的实际情况，具有可理解性与趣味性。向学生输入的材料要符合学生的现有水平，只要求学生理解，不必刻意要求学生即刻输出。从教学方法而言，这也坚持了先输入、后输出的原则。然而仅依靠语言的输入不可能掌握英语并形成综合运用英语的能力，还需要适当的口头和笔头的表达来检验和促进语言的输入。④鼓励学生进行模仿。有效的模仿是模拟生活中的真实情景，注意语言结构所表达的内容。换句话说，模仿最好是让学生身临其境去使用所要模仿的语言。例如，在结对练习、小组练习的时候，让学生根据实际情况使用所学习的语言，才能把声音和语言的意义结合起来，学生才会在课外运用所学语言。模仿是在优先输入语言的基础上，对语言进行的有效练习和输出实践。

四、兴趣性原则

在英语教学中，教师应意识到兴趣的巨大作用，尽可能调动学生的内在动机，激发学生对英语学习的主观愿望，以获得更好的教学效果和学习效果。在英语教学中，教师可从以下几个方面入手来调动学生的学习兴趣。①尊重学生的主体性，充分了解学生的特点。教师必须清楚地认识到学生是英语课堂的主体，学生通过积极主动的尝试与创造，才能获得认知和语言能力的发展，教学活动也才能达到预期的效果。教师要根据学生的心理和生理特点，遵循语言学习规律，采用多种教学方式，让学生通过体验和实践进行学习，从而形成语感，提高交流能力。②改变强调死记硬背、机械操练的教学方式以及传统的英语测试方式。英语学习需要一定的死记硬背和机械操练的活动，但是如果机械性操练太多太滥，则很容易使学生降低甚至失去学习英语的兴趣。为此，教师应该以学生感兴趣的方式帮助学生获取知识，使他们在获得交际能力的同时，综合素质也得到相应提高。③对教材进行深度挖掘。教师在备课过程中，应认真地研究教材，挖掘教材中学生感兴趣的内容与话题，使每节课都有让学生感兴趣的内容和活动，以最大限度地调动学生的积极性。

五、系统性原则

在英语教学过程中要遵循系统性原则，目的是使学生对所学内容能有比较系统、完整的概念，在各部分知识之间和新旧知识之间建立有机的联系，在消化所学内容时思路清晰而有层次。具体来说，系统性原则主要涉及以下几点：

（一）系统安排教学工作

英语教学工作的安排要有计划性，要求做到以下几点：①教师要有计划地备课。例如，一篇课文要上八课时，在备课时要一下子备完，不能今天上两节课就备两节课的内容，要一次备好。②教师的讲解要逐步深入、条理分明、前后连贯、新旧联系、突出重点，一环套一环，一课套一课，形成一个有机而系统的体系。③教学的步骤和培养技能的方法应该符合掌握语言的过程。要根据课程的最终教学目的，由易到难，逐步提高要求。④练习布置要具有计划性。要先进行训练性练习，然后再进行检查性练习。此外，练习的形式要具有体系性，相同的练习形式也要有不同的要求。⑤布置家庭作业和讲课的重点应当密切结合。每次作业要有明确的目的，课内课外要通盘考虑。⑥要经常检查学生掌握知识和技能的情况，每堂课要有一定的提问并做相应的记录，这可以对学生起到督促的作用。对于学生的平时成绩不能仅凭教师的印象来评定，因此平时对学生所做的口、笔头作业要有记录。

（二）系统安排教学内意

英语教学内容的安排要有严密的计划和顺序。例如，低年级英语教材教学内容的安排基本上应是圆周式的，对系统不要机械地去理解，切忌搬用科学的系统。教师应该按教科书的安排特点和班级的情况合理组织讲课的内容，确定讲课的重点。当出现一个生词时，不要急于一次把这个生词的所有意义、用法全部教给学生。当教授一条新的语法规则时，不要一次向学生交代有关这条规则的全部知识，要将知识分步教给学生。教学内容的安排应该服从教学的系统。这样才能由浅入深、由易到难、由分散到系统。

（三）系统安排学生学习

教师要指导学生进行连贯的学习。学习要循序渐进，要经常、持久连贯地学习。因此，教师在教育学生时要有恒心，经常及时地带领学生进行复习和做好功课。此外，教师还要指导学生正确处理好平时和期末的关系。必须向学生明确，即将学习重点放在平时，平时训练要从难从严。坚决反对那种平时学习不努力，期末考试临时抱佛脚、突击开夜车的做法。此外，教师还要经常关心和指导学生的学习方法，并针对学生的个人特点因材施教。

六、真实性原则

鲁子问指出："在英语教学中，坚持真实性原则就是要在教学各个环节上做到真实，以培养学生综合语言运用能力为总目标，以交际法和任务型教学为策略，在真实环境中获得真实语言能力。"语用真实是真实性原则的重要内涵。

在英语教学中，教师要实现语用真实，应做到以下几个方面：把握真实语言运用的目的、采用语用真实的教学内容、设计组织语用真实的教学活动、设计语用真实的教学检测评估方案。

（一）把握真实语言运用的目的

英语教学的最终目的是培养学生的综合语言运用能力，这种能力实际上就是一种语用能力。这里的语用目的是指教学内容体现在语用能力方面的教学目的，主要表现在以下三个方面：①语句的语用功能目的；②对话语篇的语用功能目的；③短文语篇的语用功能目的。

（二）采用语用真实的教学为秦

在教学开始之前，教师应从语用的角度对课文进行详细全面的分析，研究语句使用的真实语境，准确把握课文中所有语句的真实语用内涵，选用语用真实的例句与练习，这样就可以在教学前就指向语用教学，从而保证学生能够获得语用真实的英语运用能力。

（三）设计组织语用真实的教学活动

对学生语用能力的培养应贯穿于整个英语教学过程，因此教师应基于语用真实的指导思想来设计教学活动，将语用能力的培养与呈现、讲解、例释、训练、巩固等课堂教学活动紧密结合起来。

（四）设计语用真实的教学检测评估方案

教学检测评估对教与学都具有重要的反拨作用。设计语用真实的教学检测评估方案，可以找出学生的语用能力存在的不足之处，从而对教学进行有针对性的调整与改进。此外，语用真实会引导学生在学习中更加自觉地把握学习内容的真实语用内涵，强化学生运用英语的自我意识。

七、课内外活动相结合原则

在教学实践中，要遵循课内与课外活动相结合原则，主要是因为二者之间存在的互补性，具体体现在以下两个方面：

第一，课外活动具有自愿性和选择性，学生可以根据自己的兴趣爱好自愿选择参加感兴趣的活动。课内活动一般是非自愿的，也是无法自由选择的，课内活动必须按照规定的教学大纲有序进行，一般具有统一的课程和课时，这样可以保证全班同学在相同的教育过程中保持相同的步调，既有利于培养学生个性的共同点，又有利于学生系统地习得语言知识。而课外活动则基本上是以学生的兴趣为主，遵循学生的自愿性进行。

第二，课外活动是真正以学生为中心，由学生独立进行和完成的教学活动，教师只是在有需要的情况下提供适当的帮助，因此课外活动更能发挥学生的主动性和独立性，更能培养学生自主学习的能力。相对而言，课堂教学活动则具有一定的局限性。尽管我们一直提倡课堂教学要以学生为中心，但实践起来并非易事，往往会遇到各种各样的实际困难。

根据我国目前高校的英语教学现状，为了更好地将课堂教学与课外活动相结合，发挥它们的互补作用，我们就要在优化课堂教学的同时，加强课外活动，具体可从以下两个方面着手：

第一，激发学生在课堂活动中的主体积极性。课堂教学实际上是教师与学生以教学影响为中介的交互作用过程，这个过程能否发挥交互作用效果，很大程度上取决于学生的主体积极性。因此，如何激发学生的主体积极性就成为贯穿于英语课堂教学始终的问题。

第二，减少课堂教学时间，提高课堂教学效益。就目前我国的高校教学来看，课堂时间总量太大，课外活动时间过少是普遍现象。在苏霍姆林斯基管理的帕夫雷什学校里，只有上午是课内教学，整个下午均为课外活动，但在我国，学校教学基本上等同于课堂教学，课外活动少之又少，这对于学生的个性发展，培养学生的兴趣、爱好非常不利。学生的潜能和优势得不到发挥，学生的创造性得不到锻炼，学生的综合素质怎能有效提高呢？因此，我们提倡高校应减少课堂教学时间，增加课外活动时间总量。与此同时，要提高课堂教学的效益，即师生以最少的时间和体脑耗费取得最大的教学效果，只有在减少教学时间的同时，提高教学效益才能保证整体的教学质量。

八、合理使用母语原则

在英语教学中，教师应当提倡学生多说英语、多用英语，但这并不意味着不能使用母语。在英语课堂上可以合理使用母语，利用母语优势帮助学生理解学习过程中的难点，这对提高教学效果有利无害。合理使用母语原则，包括在英语教学中利用母语的优势和避免母语的干扰两个方面。

（一）利用母语的优势

教师在英语教学中要学会利用母语的优势，借助汉语对一些词义抽象的单词和复杂的句子加以解释。英语学习是在学生已经熟练掌握母语之后进行的学习实践，学生在英语学习之前对时间、地点以及空间等概念已经形成，已学会了表达这些概念的语言手段，况且英汉两种语言在结构和使用方面也存在许多差异，这些语言文化差异往往会造成学习英语的障碍。因此，利用母语的解释可以帮助学生更快、更好地学习和掌握英语的某些概念。适当地使用母语进行教学，有助于学生理解母语和英语之间的差异，了解英语结构和规则的特点，有助于师生之间的顺利沟通和深化对语言差异的理解和消化，从而提高学习效果。

（二）避免母语的干扰

母语交际先于英语第二语言的学习且已基本上被学生熟练掌握。英语的学习是个相当复杂的过程，母语的使用习惯可能会给英语学习带来障碍。在学习英语的过程中适当使用母语，用母语简单讲授英、汉两种语言在某一结构、某一用法上的差异和特点是可以的。但对母语优势的利用一定要掌握一个"度"，避免将母语的使用规则迁移到英语的使用上。如果过多地或一味地使用母语，会在很大程度上给英语的学习带来不利。在英语教学里利用和控制使用母语，要注意以下几个方面：

1. 目前而言，科学的发展、教学方法的改进和现代教学手段的运用，多用母语作为教学手段的效果日益减弱且劣势日益明显。英语教师结合现代化教学设备，运用更加直观的教学手段有更大的创造空间。

2. 在英语教学中，学生对所学英语词句的理解是相对的。理解包括知道这些语言现象及其隐藏在现象后的本质。在初始阶段，没有必要引导学生过分追求本质，这主要是由于英语的很多用法是习惯问题，很多情况用逻辑推理不通。例如，"看电影"用 to see a film，而"看电视"则说 to watch television。

3. 在英语教学中，教师应控制使用母语，尽量用英语上课。要充分考虑教师运用英语的能力、学生的理解能力和接受效果，教师尽量用教过的英语讲话，也可借助图画、实物、表情、手势等直观手段，也可以将关键词写在黑板上，使师生的交际能力在课堂教学中得到有效的提高。

总之，英语教学的过程要成为有意识地控制使用母语和有目的地以英语作为语言交际工具和媒介的过程，坚持合理使用母语原则才能更有效地优化教学效果。

九、最优化原则

在英语教学中，最优化原则体现在某一方面知识内容的教学中，在几种教学媒体都可用的情况下，选用教学效果最好的媒体；教法选择最优化；结构安排最优化；角色搭配最优化；具体运用最优化。针对在非母语环境下进行英语教学的现状，努力营造轻松自然的语言氛围，促进语言习得。因此，多媒体软件和课件要便于学习者操作和控制。具体来说，课件的内容、布局、导航图标性能、菜单功能设计以及学习者的自由度，是影响学习者操作和控制课件的主要因素。为了提高学习效率，减少学习者的焦虑感，增强他们的学习兴趣和信心，课件应该从学习者的需要出发，尽可能地使课件方便使用。

十、精讲多练原则

精讲多练原则既肯定了讲和练的作用，又明确了讲和练的地位。讲涉及的是语言知识，练涉及的是语言技能。下面进行具体分析：

（一）语言知识促进语言技能的培养

既然英语教学将交际能力作为培养目标，那么实践性就是英语教学的特点之一。在英语课上必须以语言实践为主，课堂上绝大部分时间要用于实践。但是适当地传授语言知识，可以帮助学生更好地进行实践，提高学习的效果。语言知识讲授的范围、深度、方法和时机，要由语言实践和教学的需要来决定。例如，大家都知道游泳的本领是在水里练出来的，不下水是学不会游泳的，但是在下水之前，教师讲一讲游泳的要领，分解一下游泳的动作，学生在水里练习时就可以进步更快。

在初级阶段的英语教学中，教材简单并且每课只包含有限的句型和单词，通过反复直接练习就能熟练地掌握。本阶段的教学重点是引导学生养成运用英语的习惯和正确的学习方法。语言材料的有限性，使语言知识的讲授对学生的学习没有多大帮助。当英语教学向高级阶段推进，学生需要学习更多的句型和单词时，教师就需要使学生利用单词或句子间的关联来学习，并且从一些语言材料里总结出语法规则。在这一阶段，语言知识的讲授对学生才能发挥出应有的作用。然而，此时还是要注意精讲多练，不能喧宾夺主。

在英语教学的后期，语言知识的讲授有助于培养学生的自学能力。不是所有一切都在规则的统领之下，有时候最常用、最简单的单词，往往具有不合常规的词形变化和发音规则。这就要求学生多模仿教师，教师不要急于引导学生过多地追问为什么。精讲多练是学习英语稳妥而有效的方法，但随着学习进程的推进和学习内容的复杂化，就很有必要通过适当地讲授一些语言知识来发挥思维理解的作用。

（二）语言操练交际化

语言操练并不等于语言交际，前者关注的是语言形式，使学生在语言操练里掌握语言形式；后者关注的是语言内容，使双方达到相互了解。例如，教师在课堂上举着书问："What's this?"学生回答："It's a book."这不是语言交际而是语言操练；当教师介绍了 Abraham Lincoln 的故事后，问学生："What do you think about Abraham. Lincoln?Why do you think so?"这不只是语言操练，还是语言交际。

1. 语言操练是交际能力培养的手段

英语教学中的语言操练包括以下三种练习形式：机械练习，如句型操练等；有意义的操练，如围绕课文或情景所进行的模仿、问答、复述等；交际性操练，如联系自己的生活实际，利用课文里的词句叙述自己的思想、表达课文学习后的体会等。这三种练习形式在难度、与语言交际的接近程度都在递进，体现出由操练到交际的进程。英语教学的目的是培养学生的英语交际能力，而不是使学生掌握语言形式。但是培养学生的交际能力，必须借助语言操练这个手段。二者对于英语教学目的的实现都非常重要，缺一不可。语言操练和语言交际相互联系、相互区别，有时没有明显的分界线。教师每次讲授新材料时，都要先进行机械练习，再进行有意义的练习，再进行交际性练习，使学生最后能运用所学的新材料进行交际。不能把语言操练和语言交际对立起来，而是要看到它们之间的联系，一步一步地将语言操练推向语言交际。

2. 将交际场合迁入课堂练习

教师应尽量将交际场合迁入课堂练习,使课堂练习接近语言交际。教师应该创造一定的情景,多给学生一些用英语进行交际的机会,鼓励学生带着表情和肢体动作进行英语交际,要像演戏一样将生活中的交际场合搬进课堂练习。在这个过程的开始阶段,性格严肃的教师和学生可能觉得不好意思,但是随着练习的增多,他们会逐渐习惯这种情况并觉得很自然。教师借助适当的表情、肢体动作进行英语交际,不仅能增加说话的力量,还能够激发学生的兴趣,帮助学生记忆,从而提高教学效果。

3. 将交际形式迁入课堂练习

教师应尽量将交际形式迁入课堂练习,使英语课堂教学模拟日常生活中的交际形式,为学生在日常生活中使用课堂上所学的英语创造条件。日常交际形式包括下面一些:问候、打招呼;会话;自言自语;讲故事;对人、物、画面的介绍;请求、命令;解释或说明事物或问题;演说、做报告;作文、写信。英语教学可以采用这些形式的课堂练习,课堂上将生活里常见的交际形式训练到自然的程度,学生的交际能力就会逐渐提高。

英语课堂的活动包括教师组织教学,讲解单词、课文和语法,布置作业,对学生进行奖评和考核,学生请教师解答疑难问题等,所以教师和学生不缺乏用英语进行交际的机会。教师要努力将所学英语用到师生间的交际中去,积极扩大使用英语的阵地,这样学生运用英语的能力和习惯才能养成。在注意课堂上用英语进行操练的同时,教师还要注意引导学生在课外活动和生活里使用英语。操练服务于使用,使用是对操练的检查和扩展。只有将操练和使用相结合,英语教学的目的才有可能实现。

第二章　高校英语教学模式

第一节　交际型教学模式

一、交际教学法的内涵和特点

交际能力最初的定义为"什么场合说什么样的话、什么时间适合说话"。交际能力具有四个特点，即语法性，相当于语言能力；可行性，即可接受的程度；得体性，语言要符合即时场景，恰到好处；现实性，是实际生活中使用的语言。交际能力的重要性不言而喻，交际型教学法可以在一定程度上帮助学生学习英语。

在大学英语教学中运用交际型教学法，一般需要注重三个学习原则：沟通原则，任务原则，意义原则。沟通原则是需要在一定的沟通情境中来增强相应的学习效果，任务原则是由语言沟通来完成相应的教学任务，意义原则是要对学生能够产生一定的影响。交际型教学法的核心是可以用语言去学和学会用语言，教学目的就是为了让学生获得相应的交际能力。

二、跨文化交际的大学英语教学模式

自新中国成立以来，广泛受到国际友好国家的帮助，并且时常进行沟通交流，所以对于外语尤其是英语这种世界性语言，在教学上非常看重。在教育方面，我国从小学到大学一直在进行英语教育，但是效果所收甚微，虽然试卷成绩不错，但是在实际应用过程当中却不尽如人意，大学英语教学就是一个典型的例子。这主要是在于跨文化交际并不单单是要掌握语言的应用，在交际的过程当中，更注重对文化的学习。经过多年的观察与研究，总结出了七点阻碍其模式发展的原因：第一，在教学过程当中过分注意语法的应用，而实际上忽略了对文化的研究；第二，缺乏一个有利于学习外语的环境，在培养学生时只注重试卷的分数而往往忽略了对学习气氛的关注；第三，缺乏大纲，普遍的教育大学没有一个系统性的针对跨文化交际英语教学的培养大纲；第四，从学校到教师再到学生缺乏跨文化交际的概念，并不重视这一方面的培养；第五，缺少交流机会，虽然普遍提出跨文化交际这一理念，但并不真正的举行跨国文化交流会，充其量是学生与学生之间，学生与教师之

间进行一定的互动交流；第六，缺乏主要的跨文化交际模式的英语教材，普遍院校还在采用传统的教材，不利于跨文化教学的开展；第七，没有系统的评估手段，依然是通过考核来检查学生在一段时间内的学习程度，走上了传统重复教学的路线，以上七点是真正阻碍跨文化交际的大学英语教学模式形成的重要因素。我国从民国之初到现在经历了100多年的变革，但始终在这100多年内积极培养对外人才，努力学习外国文化精粹，是由于教学上的古板和守旧，我国的教育水平虽然有所提高，但是教学思想仍然还滞怠，所以对于跨文化英语交际教学来说其效果还停留在几十年前甚至更远时期的水平，而一些所谓的专业人士却认为我国的跨文化教育已然成熟，并且经历了所谓的四个阶段，所谓的第一阶段是培养语法知识阶段；第二阶段是熟悉规律阶段；第三阶段是认知阶段，第四个阶段是成熟地运用社会文化能力和跨文化交际能力阶段。然而诚如这些专家所说，根据系统资料表明，我国各大院校毕业人才当中，能够熟练应用英语进行跨文化交际的人才不过3%，还有相对于97%的学生无法进行跨文化交际或者根本无法熟练应用英语这一语种。现在普遍认可的语言教学法流派基本上有五种，分别是直接法、听说法、翻译法、交际法、认知法，但是无论是哪一种方式，如果脱离了对外文环境的融入，脱离了对外国文化的研究，脱离了对具体操作方式的应用，都无法真正的教育出大批量的可进行跨文化交流的学生，所以构建一项跨文化交际大学英语教学模式势在必行。

三、跨文化交际大学英语教学模式的构建

（一）跨文化交际大学英语教学原则

跨文化交际大学英语教学模式是基于文化教学、文化理念、文化环境、文化影响的一种精心计划的教育仿真。在这一模式当中既要体现教学内容，还要体现教学材料以及教学原则、教学目的等诸多具体的符合语言文化环境发展的客观因素，由于篇幅有限，就单从这一教学的原则以及目的两种模式出发，为大家进行分析。

制定教学目标所遵循的原则。总体仿真与变化型策略相互辅助。以《大学英语课程教学要求》为教学大纲，系统的归纳要求当中的具体实施点。确定教育学生的具体方针，但是在教学过程当中，要根据自身学校的师资水平以及本校学生的学习理念从而制定具体的可变性的教学内容，这一内容既要符合总方针思想又要符合跨文化理念。将试卷考试以及语法测验作为辅助性考察范围，而将学生对待英语的掌控应用以及对文化理念的熟识程度作为考察的第一目标。确定语言教学内容所遵循的原则。不要死板地套用《大学英语课程教学要求》作为教学依据。应形成一套从外国文化入手，配合语言教学的具体性的教育文

章。注重对外国精粹文化内涵的选择，并且在课堂上善于应用这一思想内涵，并通过联想教学、组织教学等多种有效的教学手段，提升学生对内涵文化的听说读写的能力。以内容为典型，以围绕内容展开的具体应用为教学手法，以趣味性教学为教学理念。如此才能在学生理解课文内容的同时，理解内容当中的内涵，并围绕内涵展开一系列的单词、语法、应用效果的转换。

确定文化教学内容所遵循的原则。语言形成文化但并不代表文化。在交际过程当中，教育者，最重要的是应注重学生的表达能力而非课卷评分，所以在针对教学内容的选定的同时，要注意实际语言的应用，选定典型文化差异内容，杜绝文化负迁移。通过培养语言能力和文化知识，形成系统的应用教学，并且研究外国文化的精神特点，以此作为准确的教学内容。并且通过语言为具体的传播导向，克服外文内容和本土内容的融合。从内容的本身就注重对于外文素质的培养，并将语言能力作为第一培养要素。

课堂语言教学所遵循的原则。语言是文化的基础，听说读写是进行语言文化学习的主要途径，基于文化创新教育正是跨文化交际英语教学模式的主要理念，所以作为教师而言，在教导学生注重语言学习语法的同时，还应从听觉、视觉、触觉、感觉等多方面进行系统的培养。使学生在学习课堂内容的同时，还能感同身受地处于文化理念的包围当中，从而举一反三，针对课堂文化教学内容进行主导性的反思，灵活地运用当下发生的事实新闻对学生进行巧妙的理念灌输，并充分利用网络，配合新闻事实教学，对学生进行课后辅导或者是课后作业布置。无时无刻不运用情景、心理、功能、意念、社会、性别、语体、语调、语法等辅助手段，从教学生活以及日常活动当中巧妙地影响学生，并在此过程当中注意对实际操作的运用，将课堂内容引向课外生活才是最为适合跨文化交际大学英语教学模式的理念。

课堂文化教学所遵循的原则。合作式学习、研讨式学习是现有的课堂文化当中比较利于学生学习的方式之一。丰富的课堂设计，互动形式的课堂研究，是巩固知识要点，强化文化教学特点、增强课堂体验能力，从侧面强化教学条件，从基础增强学生学习理念，并学以致用灵活地运用到日常学习当中。

（二）跨文化交际大学英语教学的目的

教学目标是跨文化交际大学英语教学模式的一项重点理念体现，其目的就是为了增强跨文化交流，培养学生的交际能力。所以根据这一目标，各大院校在进行基础教育的过程当中，引用文化交流就至关重要，文化内容包括基础知识课程、交际文化课程、母语与第二语言相互转化课程。由以下几个方面来进行系统的表述：

培养学生的英语综合应用能力。综合能力是一项注重与交际的重点教学目的，在英语教学过程当中，无论是语言能力、技能、运用方式都可以看作是这一能力的具体体现。如果将综合能力比如是一台机械的话，那么语言能力是这一机械的发动机，技术能力是这一机械的操作手法，而运用能力则是这一机械的具体生产效果。到目前为止，就跨文化而言，综合能力的提升才是完美实现其交际交流的主要手段，而综合能力的运用也是体现交际能力的主要方式。

培养学生的跨文化交际认知能力。在英语教学过程当中，综合应用能力是主要的一部分，但是作为跨文化交际能力来说，它也仅限于是重要的一部分，并非全部的跨文化教育理念。通过多年的实践，外国各大院校总结出了一项具体研究方向，那就是认知能力。认知能力是左右真正跨文化交流的根本所在，无论是对课文、文化、内涵、应用、语法等一切运用综合手段，如果没有既定的认知能力，那么就无法在不同的环境、不同的背景、不同的理念之下有效果地进行文化交际的能力的培养。所以，真正的跨文化教学我们要从认知因素、情感因素、行为因素等三个方向，具体地进行研究，这三点研究当中最为重要的就是针对认知因素进行系统的研究。认知因素是指跨文化意识，即人们在对本国文化和外国文化理解的基础上形成的对周围世界认知上的变化和对自己行为模式的调整。情感因素是指跨文化交际过程中人们的情绪、态度和文化敏感度。行为因素指的是人们进行有效的、适宜的跨文化交际行为的各种能力和技能，比如获取语言信息和运用语言信息的能力，如何开始交谈、在交谈中如何进行话轮转换以及如何结束交谈的技能，移情的能力，等等。

培养学生跨文化情感能力。《心理学大辞典》给情感下的定义是："情感是指人对于客观事物是否符合自己需要而产生的态度体验。情感反映的是具有一定需要的主体与客观事物之间的关系，是对客观世界的一种特殊的反映形式，属于心理现象中的高级层面，能够影响到认知层面的心理过程。情感、态度和动机，能够影响对事物的认识和解决问题的方式。交际过程中的文化情感能力主要指交际者的移情能力和自我心理调适能力。

培养学生的跨文化行为能力。跨文化行为能力是指人们进行有效的、适宜的跨文化交际行为的各种能力，比如正确运用语言的能力，通过非言语手段交换信息的能力，灵活运用交际策略的能力，与对方建立关系的能力，控制交谈内容、方式和过程的能力等。跨文化交际的行为能力是跨文化交际能力的最终体现。跨文化行为能力的形成需要以认知能力和情感能力作为基础。在跨文化交际大学英语教学过程中，我们拟着重培养学生的三种跨文化行为能力：言语行为能力、非言语行为能力和跨文化关系能力。

我国自100多年前打开国门看世界以来，经过了漫长的对外国文化的学习和认知，时至今日，中国依然成为世界上的经济大国，早已摆脱了发展桎梏，迎来了新的发展商机，而这一商机的触发是完全基于我国与世界交流的成果，所以作为国有教育来说，对于英语的跨文化交际应用非常重视，但是作为各大院校来说，在这一方面近年来所取得成绩微乎其微，主要原因就是对这一文化的系统知识理念理解不够，没有形成主要的教育模式，对文化的发展以及内涵了解不深，偏重于传统的教学模式，偏重于传统的考试模式而形成的，所以想要真正地形成跨文化交际英语教学就应从具体的认知能力以及综合能力入手，在注重教学理念的同时，注重对实际应用能力的教育。

第二节 "输入—输出"教学模式

一、概述输入、输出及互动假说理论

（一）输入假说理论和的输出假说理论

在20世纪70年代末80年代初，美国著名的应用语言学家克拉申提出了输入假说理论。在二语习得中输入假说理论是最有影响力且最有争议的理论。克拉申认为，一个人的语言能力主要是通过习得途径获得的。而在习得语言的过程中，大量的可理解性输入，尤其是通过大量接触略高于自己现有水平的可理解性语言输入，语言学习者才能自然习得语言[①]。克拉申强调语言的有效性输入，其特点有可理解性、趣味性、非语法程序安排及足够的语言输入量。

斯温纳对克拉申的语言输入假说提出了质疑，并提出语言输出假说理论。斯温纳认为，二语习得中仅仅有大量的可理解性语言输入不能保证语言学习者语言表达的流畅性和准确性，还需要可理解性输出。大量的可理解性输出能够促进语言学习者注意自身的语言能力和所存在的问题并进行检验和反思。[②]

（二）交互假说理论

基于克拉申的输入假说理论，美国学者郎（Michael H.Long）提出了交互假说理论。郎认为，大量语言输入对语言习得很重要，但他强调交际性的语言输入比单纯的语言输入更重要。交互假说理论主张在语言交际过程中语言交流双方通过不断修正与协商达到交际

---

① 邓颖玲，郭燕. 输入和输出假设理论在"英语视听说"教学中的运用[J]. 湖南师范大学教育科学学报，2010（6）：109-111.

② 王烈琴，李建魁. 克拉申的输入假设与斯温纳的输出假设的比较研究[J]. 宝鸡文理学院学报（社会科学版），2009（2）.

目的。交际者在交流过程中对语言输入与输出进行不断协商与修正有利于语言习得的产生。[1]互动是交际的核心，也是目前流行的英语互动理论的核心。

（三）输入、输出与互动的关系

克拉申的输入假说理论强调不但要有大量的可理解性输入，而且语言输入应略高于语言学习者的水平。基于加拿大沉浸式教学，斯温纳提出"仅仅有输入而没有输出，难以达到语言习得的目的"的观点。斯温纳认为，在语言习得过程中，语言输出同语言输入一样，具有同等重要的作用。对语言习得者来说，只有通过语言输出才能检验语言输入的吸收与掌握情况，二者是相辅相成的关系。语言习得过程通常分为三个阶段：输入、吸收和输出。在语言的输入、输出过程中，吸收过程起着至关重要的作用。吸收过程是通过不断练习获得的，即通过互动获得的。互动能够为语言输入提供可理解性输入与反馈的机会。不仅如此，互动也能够检验和调整语言输出，达到语言知识的内化。因此，在语言习得过程中，语言输入和输出将通过互动达到有效习得语言的目的。

二、基于输入与输出理论的大学英语互动教学模式

基于克拉申的输入假说理论、斯温纳的输出假说理论及郎的交互假说理论创建的大学英语互动教学模式，其目的在于平衡语言输入与输出，提高学生的语言交际能力。

大学英语互动教学模式通常分为三个阶段：语言输入阶段、互动输出阶段及教学评估阶段。与传统的"以教师为中心，学生被动接受"的模式相比，"以学生为主体，教师主导（双主模式）"的教学模式具有明显的优势。在互动教学中，教师通过组织形式多样的教学活动鼓励学生进行语言输入与输出，并通过评估的方式验证教学效果和学习效率。学生的语言输入可以通过多种渠道获得。在互动课堂上，学生通过教师讲授、提问及设置问题等教师的指导性输入获得足够多的语言输入。这种教师的可理解性输入为学生的语言输出提供了有力保障。在互动输出阶段，教师积极组织学生进行独立思考、配对练习及小组活动，目的在于培养学生的合作学习能力和语言交际能力。在大学英语互动教学模式中，学生的语言输入与输出最终通过教学评估检测其语言理解能力和语言输出能力。在此过程中，教师的反馈起着至关重要的作用。在互动课堂中，教师要对学生的表现做出及时反馈。这样，学习者在接受反馈后，会对自己的语言输出做出修正。反馈可以引发学习者修正其输出，修正的输出反过来又可以促进语言的学习。在评估阶段，教师不仅可以通过考试、测试等形式对学生评价，还可以采取个别访谈、学生口头汇报交流、书面材料递交、PPT成果展示等形式对学生的输入、吸收及输出做出客观、科学、全面的评价。除此之外，通

---

[1] 梁爽. 输入假说、互动假说与输出假说的关系及发展[J]. 教育教学论坛, 2010（30）.

过学生间的互评，学生能够取长补短，共同促进学习。大学英语互动教学能够使课堂活动环环相扣，使学生充分融入课堂活动，促进学生的语言输入与输出，最终取得良好的教学效果。

三、"输入输出假说"在大学英语教学模式中的运用策略

（一）语言输入

"可理解的语言输入"是语言习得的必要条件。因此，在教学中输入的材料一定要根据教学对象的实际水平和接受能力来具体确定，做到由浅入深，由简单到复杂，语言深度和词汇量也要符合学生的实际水平，内容适合学生学习，在语言输入过程中要兼顾语言意义和语言形式，即识别和记忆语块，这样才有可能达到预期的教学目的。例如，在目前大学英语课堂教学中大多采用多媒体教学的主体环境下，如果对学生进行可理解性的语言输入，采用以"教师为主导、学生为中心"的教学模式。如教师可通过让学生看一些图片、录像或听一段录音来扩大输入量。在了解学生目前实际水平的前提下，教师可以把学习材料中超出学习者当前语言知识水平的内容，变成较为浅显易懂可理解性知识输入给学生，从而确保语言习得输入材料的可理解性。通过对教材所涉及语言知识和交际技能的深刻讲解，使学生准确地理解和掌握目的语的语音、语法、词汇、句法等语言知识。在学生充分理解目标语言的基础上，教师要引导学生尽量运用所学的单词来交谈，让学生开展小组活动讨论讲解课文，教师引导学生进行正确理解，如遇课文的重点及难点可帮助学生解决。通过丰富多彩的听读"输入"，在学生更新英语语言知识的过程中，获得了听觉信息、视觉信息、文本信息、情景信息和反馈信息等五个方面的"输入"。另外，教师应在校园网的多媒体教学平台上补充一定量的、难度相当的语言材料供学习者自学时使用，以便学生能够及时巩固和检验自己所输入的知识，从而达到使学习者接受足够数量的可理解输入的教学目的，也提高语言输入的有效性。

（二）语言输出

目前大学英语教学还是以对目的语的输入为主，学生的参与的动机受到抑制，语言的得体运用能力得不到提高。面对这一现状，教师在可理解性语言输入的前提下，进行开放性的说写"输出"。课前布置学生自主在图书馆或网上查阅课文主题等相关资料，对一些课文中的重点及精彩语言进行讲解，给学生介绍相关文化背景知识等内容。在对课文进行全面分析前，可首先请学生将所了解的材料课堂陈述，对有争议的话题进行讨论。在教材内容讲解之后，教师应对所学内容及时总结。如在实施相关的互动教学活动中，把语言的

输出练习分为练习式输出和交际式输出，要求学生以大意概括和同学间互相讲述的形式对所学材料做练习式输出。引导学生对语言问题的注意，根据掌握的语块修正语言错误，然后采取讲述和作文形式的交际式输出方式。让学生就课文中某一场景陈述其中暗含的文化背景等分析交流讨论，也可根据课文中所涉及的相关知识，要求学生课后去查找相关资料或写观后感。输出时侧重语言意义，更多地使用大量储存在记忆系统里的语块这一正确地道的语言形式等，进行相关的话题词汇积累和相关的话题概括和讨论，在这种开放性的说写"输出"教学模式下，教师自身的主导作用得到了发挥，学生也能积极参与到课堂中，学生语言表达的流利性、准确性和地道性均能有明显的提高，也激发了学生深入研究问题的热情。这一教学模式还充分利用师生间在学生"输出"过程中的交流、对话，实现及时的反馈"输入"。

应用"输入输出"假设理论指导大学英语课堂教学的过程，就是把情景信息作为重要的"输入"信息，强调营造学生对语境、情感等的体验和感悟，使学生在自然的、轻松的环境中习得和积累，实现滚动式发展。这种教学模式的使用，不仅能够指导学生学会学习，体验"习得"，培养学生英语思维的能力。同时，这一教学模式也引导学生在课堂上完成知识联网，完善学生的英语认知网络，能够使大学英语课堂教学中有限的教学资源得到优化使用，将大大地提高学生的英语总体水平。

第三节　分级教学模式

一、大学英语分级教学的理念

随着英语教学的不断发展，各国全球化趋势不断升高，英语逐渐成为教育中的中流砥柱，在学生从小学到初中再到高中的求学过程中，英语考试也成为评价考生综合素质的主要考点。而进入大学以后，英语的教学目标也从单一的语法单词，演变为实用性教育模式，各大高校更注重培养学生以后在工作中如何应用适合自己的专业英语，这就需要学生在英语学习上不断提高自己。

但是，由于不同学生曾受到的英语教育不同，自身条件也有很大差别，这就导致学生的英语教学接受能力各不相同，如何教师在课堂上对学生采用同样的教学模式，同样的教学内容，就有可能导致一部分同学跟不上课程进度，而另一部分同学反而感觉内容过于简单而昏昏欲睡。长久下去，跟不上的同学消极怠工，以至于自暴自弃；而觉得进度慢的同学则吃不饱，也就会有厌学心理。所以，对于大学阶段的英语教学课程来说，最重要的就是因材施教，有针对性地教学，为每个专业，每个年级甚至是每个学生制订相应的教学计划，例如采用分级教学的方式。分级教学即指为了提高学生的学习效率，引起学生学习积极性，达到教学资源优化配置的目的，根据学生的不同情况对其进行分组、分级对待，在不同级别中实施与之相对应的教学方法，运用不同的教学资源，应用规范的教学流程，使不同级别的学生都能学到自己最需要的，也是最适合的英语课程。

二、大学英语分级教学模式的特点

科学合理的分级是"因材施教"的保证和前提，这就是与传统的大班授课的教育模式最根本的区别，以此来改变学生混日子的学习态度，这种分级方式需要指导教师对每个学生进行全面整体的调查，弄清每个人的当前情况和自身需求，然后按照科学的分级方式，最大限度地开发学生的学习潜力，这样才能做到事半功倍。

（一）三分法模式

目前很多高校都采用三分法的分级模式，三分法就是根据学生英语考试的成绩，将学生分为三个级别，最高的是 A 级，然后是 B 级、C 级，然后对于能力较好的同学，教授较为高水平的英语知识，辅导学生的听、说、读、写、译能力，还要帮助同学如何通过英语能力考试等，以便将来更容易就业。中间等级 B 级的学生，按照正常的大学英语流程来教育，学习专业术语，练习阅读能力，无须太急于求成，逐步提高学生的英语水平。而对于基础较差的 C 级，教师应将教学重点放在查缺补漏上面，让学生把落后的部分尽量赶上来，知识的掌握要稳扎稳打，不要好高骛远，稳重求升，这样才能提高自身的英语水平。这种三分法的分级模式，既照顾到了先进同学不断进取的学习目的，也兼顾了后进同学的踏实稳重的学习心理，有针对性，有目的性，能更好地实现教学目的。

（二）两分法模式

另外一宗分级模式为两分法。两分法顾名思义就是将学生按照英语考试成绩分成高低。两个等级，高等级的学生都是英语基础好，理解能力强的学生。对于这样的学生，小班授课是最为有效的教学方式，可以为他们单独制订更高水平的学习计划，更远大的学习目标，采用高师资力量，更快更强的学习进度，都有利于学生不断向前进步，一般这样的分配方式所筛选出来的高等级学生不多，所以教师的教学也就能更有针对性，学生更受到重视，这样自然而然地就提高了学生的积极性，同学之间互相追赶，也就增加了学习的动力。很多院校都有自己的重点班或是实验班，就是将更努力、学习成绩更好地学生集中起来重点培养，以期创造更高的成绩。而另一部分同学采取传统的教学模式，无须加大教学难度，而且分出去的同学只占一小部分，所以也不会为剩下的同学造成很大的压力。这并不是一种教育歧视，只是因材施教，这样双赢的教学方法突出了优秀学生的优势，也照顾了普通同学的能力，一举两得。

三、大学英语分级教学模式应用的注意事项

（一）创设真实的教学环境

新的大学英语教育提倡情景教学。情境教学是有意识的心理活动和无意识的心理活动的统一，在认知方面有启迪学生的可暗示性，从而使学生有意识地和无意识地接受教育输入。即如临其境，触景生情。初中生正值青少年时期，形象思维能力强，抽象思维能力弱。因此，身临其境可以使学生感知的过程变得容易，触景生情可以使学生的认知更加牢固。

学习不是单纯的教授，而是学生与教师一起对理论与实际的主动认知的过程，这一过程需要学生从实际出发，掌握基本原理，最后再将这些原理应用于实际，这次完成了整个学习的过程。要想完成这些目标，就必须调动起学生们的兴趣。要引导学生完成整个学习过程，还必须引导学生亲身动手操作、亲身观察、亲身思考，最后得出结论。语言的学习与知识的学习具有本质区别，简言之，语言学习最重要的是学生的语言能力和对语言的感觉和领悟。语言能力的获得最重要的是学生自身的语言能力，这种能力靠教师教授是教不出来的，这种能力获得的关键是学生自己，教师要做的事为学生营造一个相应的语言环境。科学研究表明，语言学习的最佳方式就是一个身临其境的语言环境。实验表明，如果能够使教学在具体真实的情景中进行，教师不必多言，学生不必多想，学好一门语言是水到渠成的事情。英语对很多初中生来说具有一定的学习难度，特别是口语和听力。而情景教学则可以很好地弥补这一短板，在教学中可以达到意想不到的效果，课堂气氛也更加活跃。

（二）运用多媒体等现代教育技术

随着科学技术的飞速发展，现代教学早已与高科技计算机技术融为一体，计算机辅助功能也已成为现代课堂的主要辅助工具，也是学生课后获取资料和与同学交流的主要方式。在大学英语课堂中，它可以将教学内容更为生动、形象地显示出来，让学生留下更深刻的记忆，许多难以理解的单词，情景，语法，都能通过多媒体教学方式传授下去，使学生在丰富的感性材料刺激下，产生自主学习的兴趣。同时也让课堂氛围更加融洽，提高了学生的学习效率，增强了学习效果。多媒体教学现在已经为大多数课堂所采用，其有利方面作用显著。

首先，多媒体教学有利于激发学生兴趣，大学生所处的年龄正是兴趣左右思想的年龄，不能采用"赶鸭子上架"的方式。需要充分调动起学习的积极性，多媒体教学可以实现教学内容由枯燥单一的文字和语言向精彩的图片和视频的转变，有利于吸引学生的注意力。其次，多媒体教学能更好地突出重点和难点。英语学习中学生常常会遇到很多无法理解的难点，如果只靠老教师单方面的教授，可能无法解开学生的困惑，而现代多媒体教学形象、直观、效果好。它可以更具针对性，从而达到事半功倍的效果。其实，相比教师的"教"，学生的"学"已经日益成为现代教学模式中更加重要的组成部分。对于大学生而言，更应该注意教学方式，教学方法的转变，让他们学会获取英语信息，掌握英语思维。还必须贯彻教学的情感性，要做到以下几点：第一，帮助学生养成良好的学习习惯，培养良好的学习兴趣，树立争取的学习态度和学习目标；第二，引起学生学习的兴趣，多引入受学生欢迎的课题，如礼仪、文化、娱乐等等，以此吸引学生对英语的热情；第三，关注学生在不同阶段的需求，不断调整教学计划。

（三）合理布置作业

大学英语教学主要包含课上教学和课下学习两部分。其中课下学习的主要内容就是课后作业，而课后作业又是在课堂上又教师布置的，因此，作业的布置是课上和课下的重要衔接，作业布置的好坏，是否合理，对于整个教学任务的完成以及教学效果都会产生重要的影响。长期以来，大学英语作业的布置停留在简单的"题海战术"，即教师在课堂上侃侃而谈，课下布置了大量的作业，学生仅仅为了完成作业而机械地学习，并不关注自身的世纪需求。这实际上是传统"填鸭式"教学的一种扩展。完成这样的作业，不但无法实现对课堂学习内容的有效巩固，还会使学生产生厌学的情绪，与教学的初衷南辕北辙。所以应根据分级教学提出的新要求，以人为本，因材施教，根据不同的学生等级分别安排不同的学习任务，应更多地采用自主学习方法，例如让学生做课堂的主人，分组交流，研究课题，开发学生的自我学习能力和实践能力，避免机械和填鸭式教学。

综上所述，分级教学的新模式对教师和同学都带来了更高的学习效率，同时也是更高的学习要求。分级教学的精髓就是"因材施教"，让学生自主学习，成为自己学业的主人，主动提高自身英语素质，同时也要营造更为融洽的学习环境。这些基本精神要求在未来大学英语教学中，在教学理念上教师要摒弃传统的"填鸭式"教学。在教学方法上，要贯彻落实情景教学、实践教学、多媒体教学、立体化教学等一系列新式的教学方法，最终更快更好地达到教学目的，实现学生英语进步的愿望。

第四节　网络教学模式

一、构建大学英语多媒体网络教学模式的意义

（一）体现建构主义教学思想

建构主义理论形成于20世纪90年代中后期，其核心是以学生为中心，强调学生对知识的主动探索、主动发现和对所学知识意义的主动建构。情境、协作、会话和意义建构是建构主义学习环境的四大要素。"情境"指学习者在真实或虚拟的情境下，利用获得的学习资源，积极有效地建构知识；"协作"指学习者与教师、学习同伴、网络交流者等的相互作用；"会话"指协作过程中，通过人—人、人—机交互，实现意义建构；"意义建构"指整个学习过程的最终目标。

（二）调动学生学习的积极性

多媒体网络技术的交互功能提供了图、文、声并茂的多重感官综合刺激，使学习者可以依据自己原有的认知结构、认知水平和兴趣，自由选择、自主控制学习内容及其呈现方式。学生可以打破时空限制，在自己认为合适的时间和地点，随时利用多媒体网络资源进行咨询、解惑、求教、学习，使智力、创造力、独立获取知识的能力得到开发与培养。

（三）真正实现在线交流

校园网上的课程讨论区、教师辅导区的BBS平台可以使师生之间、学生之间进行便捷的讨论与交流，教师可以上传辅导资料、布置作业以及对学生提出的问题进行答疑等。借助"协作学习""小组讨论"等学习方式，师生之间、学生之间实现了交流互动。

（四）有效提高教学效率

采用多媒体网络教学可以缓解师资不足这一困扰众多高校的难题。传统教学背景下的大班上课效率低下，但在多媒体网络教学背景下，同样数量，甚至更多数量的学生却可以享受到优质教育。从长远来看，多媒体网络教学无疑是大学英语教学的一个发展方向。

总之，构建大学英语多媒体网络教学模式可以弥补传统大学英语教学中存在的诸多不足，把大学英语教学从传统的灌输型、封闭型教学模式转为以主动式、开放式以及资源型

的个性化学习为主体的新型教学模式。

二、大学英语多媒体网络教学模式的优势

基于校园宽带网的多媒体教学网络结合多媒体视听设备进行大学英语教学，尤其是大学英语视听说教学，其优势主要体现在教学内容、教学形式以及教学主导和主体三个方面。

（一）教学内容新颖丰富

传统的大学英语教材内容单一陈旧，更新缓慢，难以引起网络时代背景下大学生的学习兴趣，而多媒体教学网络能够提供大量丰富多元、新颖有趣的教学材料，在很大程度上弥补了传统教材的不足。教师除了可以利用常见的 CD-ROM 和 DVD 等音频和视频光盘进行教学以外，还可以利用网络上集图像、声音、动画等信息于一体的教学资源，为学生提供真实、新鲜又与时俱进的学习材料，如时事新闻材料、纯正经典的英文歌曲、原汁原味的英文原声影视片段等，既能激发学生的学习兴趣，又能帮助学生形成良好的学习习惯和方法。

（二）教学形式灵活交互

利用多媒体网络教学，教师不仅能够将教学内容传递给学生，还能及时掌握学生的总体学习情况，并进行答疑和示范。同时，多媒体网络教学不仅便于学生之间进行合作学习，也便于教师监控和加入学生的讨论活动，由此形成了交互式的教学平台，促进教学相长的效果。此外，利用多媒体网络，教师可以对不同学生进行个性化教学，从而实现因材施教，提高教学效率。

（三）教师主导作用加强，学生由被动接受转变为主动探索

在大学英语多媒体网络教学活动中，教师是主导，学生是主体。教师可以利用多媒体教学网络，将教学任务、教学目标、教学内容的重点与难点等信息以文字、图像、音频或视频等形式传递给学生，便于学生自主学习，巩固课堂教学效果。同时，通过多媒体网络平台，学生可以根据自己的学习兴趣、基础水平、性格特点、学习习惯等，积极主动地搜索和利用学习资源，从被动的学习接收者转变为主动的学习探索者。

三、多媒体网络教学模式的特征

（一）与传统教学体制相辅相成

多媒体教学运用中存在部分教师过分依赖多媒体技术，这类教师在讲课过程中一直使

用多媒体，不但会给学生带来视觉疲劳感，而且还阻碍了课堂上的师生互动，教师与学生之间缺少信息交流。在课堂上，教师须合理分配多媒体教学内容的时间，也就是要注意到将多媒体英语教学与传统英语教学相结合，保持两者之间的协调性，通过多媒体教学弥补传统教学中的不足，从而促进课堂效率的提高。

（二）改变教师角色

传统教学体制中，教师是课堂教学的主导者。但是在多媒体网络教学模式中，教师的角色、地位发生转变，学生可以凭借网络资源在教师指导下完成任务，从而达到课堂整体目标。在课堂教学的全过程中，教师由主导者转换为组织者或监督者，学生也不再是被动地吸收知识，反而成为获取知识的主体。

四、构建大学英语多媒体网络教学模式的原则

大学英语课程的改革目标是加强学生的英语应用能力和实践能力，全面提高学生听、说、读、写、译五项基本技能。在近些年的教学实践中，我们探索出在构建大学英语多媒体网络教学模式过程中必须遵循的四条基本原则。

（一）内容与形式相结合原则

开展大学英语多媒体网络教学时，务必要处理好内容与形式的关系，根据教学内容的性质和特点合理使用多媒体网络教学，既不能过分追求课件画面的绚丽，以防止学生只关注眼花缭乱的课件中而忽视和弱化对重要知识点的学习；也不能过分注重网上浏览、查找资料、发帖讨论等，以防止学生因沉迷于网络而轻视和淡化综合应用语言能力的发展；更不能提出过多的问题，以防止学生因上网查询和讨论的时间太长而影响学习效果。多媒体网络技术运用于大学英语教学应起到"雪中送炭"的作用，不能"画蛇添足"。

（二）放开与监控相结合原则

大学英语多媒体网络教学强调学生在学习过程中的主体作用和个性化自主式学习，但这并不意味着要淡化教师的"教"和弱化教师的作用。在多媒体网络教学中，教师必须认真担当起教学的设计者、引导者、管理者及监控者的角色，特别是当学生上网时，教师绝不能撒手不管。因此，为避免学生在网上"漫游"，教师必须进行适当监控，即使是课外的网络自主学习，也可以通过布置任务、检查结果等多种方式对学生进行必要的管理。

（三）视听与思考相结合原则

教学过程也是一个信息传输的过程。在多媒体网络教学过程中，单位时间内传递的信

息量要比传统教学大得多，要使这些信息更好地为学生所理解、消化和吸收，思考是不可缺少的重要过程。在进行大学英语多媒体网络教学时，教学的信息量应适度，要为学生的思考留有适当的时间，只有这样才能提高学习效率，才能避免"机器灌输"这一新的"注入式"教学现象的产生。

（四）投影与板书相结合原则

板书是教学中最常用的一种手段，系统的板书是学生在教师的讲解和引导下形成概念、掌握规律时在头脑中进行认识活动的外部支撑点，是学生将感性知识上升为理性知识的中间手段。在大学英语多媒体网络教学过程中，绝不能误以为板书浪费时间而将其取消，而一味将计算机当翻页器。计算机展示的过程只是一种"视觉暂留"，学生根本来不及做笔记和思考。这既不利于学生的课堂学习，也不利于学生的课后复习。

教育现代化，除了教育思想、观念、教材的现代化外，还应有教育手段的现代化。多媒体网络教学是目前世界教育技术发展的新趋势，大学英语多媒体网络教学必将随着计算机网络和多媒体技术的不断发展而日益成熟与完善。打破传统、单一的教学模式，创设多维度、立体的多媒体网络模式，是全面提高大学英语教学质量的必由之路。

五、大学英语多媒体网络教学的模式构建

（一）设立课堂集体授课模式

课堂集体授课模式不仅遵循传统的教学体制，而且还具备了多媒体网络教学的特性。在这种模式教学中，多媒体网络教学主要起到辅助教学作用，在课堂教学中，绝师是在教学过程中的主导者，学生则是学习的主体。教师通过网络手段收集大量的信息资源，用来辅助教学，丰富课堂教学内容，同时采用音频、图片、录像等众多媒体技术将书本内容具体化，吸引学生眼球，集中学生的注意力。

（二）采用自主学习模式

自主学习模式主要体现出教师在教学过程中围绕学生开展教学工作，学生是学习的主体，教师主要负责引导学生学习。学生需要联系自身的实际状况，选择符合自身学生水平的内容，同时制定学习目标，按部就班地完成学习任务。在学生的学习过程中，教师应该适时对学生进行指导，及时解决学生在自主学习中遇到的问题。这一模式能够有效地增强学生的自主学习能力。

（三）设计合作学习模式

分层合作学习模式是大学英语多媒体教学模式的重要构成之一。所谓分层式合作学习模式就是指教师在教学过程中，按照学生的性格特征，学习兴趣以及英语学习成绩等多方面将学生以一定的数量重新组建成多个讨论小组，并且在小组之间设计竞赛，由此而来，小组中的每一位成员为完成学习任务、赢得比赛，便会互帮互助，相互合作，共同学习。不同阶段的学生可以依据自身的学习能力及学习条件制定学习目标，通过网络教学的途径，独自查找有关信息，在自己阅读研究后，与小组内的其他成员相互讨论、研究分析，最后由教师进行处理总结，这样不但可以增强学生团队合作的意识，而且有助于增强师生之间的互动，进而让学生在协调合作的学习情境中，逐渐加强对英语知识的理解能力，提高自己的英语学习成绩。

（四）创建在线交互学习模式

因为网络教学具有特定资源共享性，所以大学英语多媒体网络教学可以设立在线交互学习模式。在互联网上，学生们可以通过 BBS 讨论平台进行学习经验的交流，在线交互学习模式主要由在线讨论和留言讨论两部分构成。在线讨论的性质与传统教学中课堂讨论一样，学生在线上纷纷发表言论，教师可以任意设定一个与英语有关的话题，有学生自行展开讨论，发表不同的意见。离线讨论是指教师现行在 BBS 讨论平台上提出问题，有学生课后参与讨论，没有规定性的时间。这种模式打破了传统教学模式的时间、空间的限制，有助推动学生进行同步学习。

随着社会科学技术突飞猛进，越来越多的高新技术被应用到现代化教育体系中。为落实教育部的大学英语教程改革，国内的各大高校的大学英语教学必须融入现代化的教学技术。因此，高校必须加强大学英语多媒体网络教学模式的构建，以此推动国内大学英语教学的发展，全面提升国内大学生的英语知识应用能力与口语交际能力。

第三章　高校英语学习动机与学习方式

第一节　学习动机与高校英语教学的关系

一、学习动机概述

（一）学习动机的含义

学习动机是一个教育心理学概念，是指激励个体进行学习活动、维持已引起的学习活动、导致行为朝向一定的学习目标的一种内在过程或内部心理状态。

学习动机包括目标：①学习中做出的努力；②实现学习目标的愿望；③学习某种语言的热爱程度。

学习动机是影响第二语言学习和外语学习速度与成功的主要因素之一。很多研究表明，学习动机与学习成绩密切相关。学习动机一旦形成，不仅对个体所学东西有一定的指向性，比如用主动积极的态度去学习，对学习表现出浓厚的兴趣、上课能集中注意力去汲取知识等，而且也有一定的动力使学习过程中的注意状态、兴趣水平保持下去，在遇到困难时有克服困难的意志力。

同时，学习动机与学习态度也是密切相关的。如果个体学习动机明确，学习态度认真，学习目的端正，那么就会积极地为自己创造良好的学习条件和氛围。学习动机是支撑外语学习的主要动力并促使学习过程持续下去。

任何影响学生学习积极性的因素，都是通过学习动机这一媒介对学习活动产生影响的。可以说，学习动机是推动学生学习的内驱力，而内驱力对学习活动推动作用的强弱，主要取决于以下两方面：

1. 学习需要性

在不同的学习需要中产生的学习动机对学习的推动作用各不相同。稳定、持久的学习动机，对学生的推动力大，一般在高层次学习需要中产生；变动、短时的学习动机，对学习的推动力小，一般在低层次学习需要中产生。

2. 各种学习动机相互影响、共同作用

由于学生的学习需要是多层次的，因此受多种学习动机的支配。一般而言，在一定时期内，多种学习动机中总有一个学习动机起主导、支配作用。各种学习动机的方向一致时，对学习的推动作用自然比单一的学习动机作用大；而各种学习动机的方向不一致时，对学习的推动作用必然减少。

（二）学习动机的特点

研究表明，学习动机呈现可变性、社会性、多元化的特点。

1. 可变性

学习动机在学习过程中并非一成不变，而是随着社会环境、周围环境、个人所受教育及经历、思想、需要、兴趣、情绪及家庭等多种因素的不断变化而变化的。除此之外，学习动机本身还存在着强弱变化的现象。在学习中，学习动机并非越强越好。因为学习动机如果过强，人的注意力便会高度集中，但注意的范围则相应变小，这不利于完成要求有较广泛注意范围的学习任务。另外，过强的学习动机易造成心情紧张，产生焦虑情绪，影响记忆活动中的再现，反而不利于正常的学习。

2. 社会性

随着对社会认识的不断深入和社会责任感的进一步增强，越来越多的学习者能自觉地把自己当前的学习与国家建设和社会发展的需要联系起来，能充分认识到自己所学的专业知识和技能在未来社会发展中的作用，从而希望自己能尽快适应社会。学习动机社会性意义日趋广泛，特别是高年级的大学生，随着他们对自己所学专业的深入了解，学习动机中的社会意义更加突出，这也成为当代大学生奋发进取、努力学习与拼搏的主要动力。

3. 多元化

多元化是指学习动机多种多样，同一个体的学习往往受多种动机支配。由于每一个体的家庭情况、接受的教育、个人所受的影响、生活经历以及对未来的打算各不相同，因而学习动机呈现出多元化的特点。有的人是为了报答父母的养育之恩；有的人是为了不辜负教师的培养和期望；有的人则是因为自己对某一学科有着浓厚的兴趣，希望自己在事业上有所成就；有的人是为将来的进一步深造打基础；有的人是为了改变自己的生活现状，希望将来能谋求到一个理想的工作；有的人是为了提高自身地位，获得他人的尊重；有的人则是为了学到更多的知识和本领，将来能为国家建设和社会发展多做贡献。多种动机虽然同时存在，但在一定时期总有一个主导性动机起支配作用。

（三）学习动机的分类

关于学习动机的分类，角度不同分类就不同。例如，从社会语言学的角度分析，可以将学习动机分为两大类：

第一，融入型动机。具有这种动机的学习者喜欢并欣赏所学的语言以及与所学语言相联系的文化，希望自己能够掌握并自由运用该语言，更希望自己能像目标语社会的一个成员，并且能被目标语社会所接受。这样的学习动机被认为是学习者内在的、更加持久的语言学习动机。

第二，工具型动机。所谓工具型动机，是指学习者将目标语看作一种工具，希望掌握目标语后能给自己带来实惠，比如提高自己的社会地位和经济收入，能够利用这门语言找到更好的工作等。这种学习动机具有"无持久性"和"有选择性"的特点。这种动机也有一定的局限性，在一定程度上影响和束缚着学习者，从而很难达到真正意义上的语言学习效果。目前在我国的外语学习中，由于受中西方语言和文化的差异、外语教学环境以及学习方法等多种因素的影响，绝大多数外语学习者的动机为工具型动机。例如，绝大部分大学生学习英语的动机都是获得四、六级证书，有人把它称为"证书型动机"。

另外，从认知语言学的角度，学习动机同样分为两大类：

第一，内在动机。这种动机是指外语学习本身能激发学习者的兴趣和愉悦。比如具有内部动机的学习者在日常生活中碰到一些人、物、事时，总会情不自禁地用英语表达出来。他们具有好奇心，喜欢挑战，能积极地参与学习过程，并能在学习过程中得到满足。他们在解决问题时具有很强的独立性。内在动机能对学习产生更积极的推动作用，因此它能使学习者保持持久的学习兴趣。

第二，外在动机。外在动机是指学习外语的动因存在于学习活动本身之外，是为了得到奖赏或避免惩戒才学习外语，比如为了得到教师表扬或是为了避免批评、惩罚等。这种动机具有一定的被动性，不是学习者主动、自发想去学习某种语言，因此与内在动机相比，其持久性较短。

此外，还有成就动机。这种动机是指外语学习者愿意去学并力求学好他认为很有价值的一门外语，取得好成就，而好成就反过来又进一步强化了他的成就动机。成就动机为人类所独有，它是外语课堂学习的主要动机。成就动机主要由三种不同的内驱力构成：认知内驱力、自我提高的内驱力和附属内驱力。

认知内驱力的主要因素是好奇。因为好奇导致探究和追求环境的刺激行为，是一种求知的愿望和指向学习任务的动机。这种内驱力与外语学习的目的性和认知兴趣有关。学习者在课堂上获得好成绩，而这些成功的学习经验又会使他们期望在今后的外语学习中取得更好的成绩，如此良性循环，从而得到满足。可以说，这种动机等同于内部学习动机，大量实验表明这是一种在课堂外语学习中最稳定和最重要的动机。

自我提高的内驱力是指外语学习者因自身学习成绩好而受到一定奖励或赢得相应地位的需要。这种内驱力不像认知内驱力直接指向学习任务本身，而是把一定的外语成就看作赢得一定地位和自尊心的根源。这种内驱力可使外语学习者把自己的行为指向当时学业可能取得的成就，又可使他们在成就基础上把自己的行为指向今后奋斗的目标。

附属内驱力是指外语学习者取得好成绩主要是为了满足教师、家长的要求，得到他们的赞许或认可。很明显，这种动机等同于外部动机。

总而言之，家庭教育对外语成就动机的影响很大。一般来说，在学校里的学生其外语成就动机与外语学习动机成正比，外语成就动机强者其外语学习成绩更好。因为他们取得好成绩会感到自豪，对失败不感到羞愧；而成就动机弱者对成功不怎么感到自豪，对学习失败则感到羞愧，因此，自我提高的内驱力可称为求成欲，附属内驱力可称为满足欲。

二、学习动机与大学英语教学

学习动机是推动学生学习的一种内部驱动力，其实质上是对学习的一种需要，这种需要是社会和教育对学生学习上的客观要求在学生大脑里的反映。心理学家经过研究认为，学习动机在学习活动中的作用有四种：①引起学习；②维持学习；③强化学习；④调整学习。在英语教学实践中我们可以发现，英语学习差的学生并不是智力水平低，而是缺少兴趣和信心，或没有养成良好的学习习惯。进一步分析可以得出，这些学生在学习的过程中逐步丢失了学习动机，将自己置身于英语学习之外。

在大学，英语课程的学习是不少学生学业进取中薄弱的一环。可以说，学生对英语学习的畏难程度居于各科课程之首。因此，英语教学界和教育管理部门都采取了不少措施，从激励学生的学习动机入手，来保障大学英语教学效果，提高学生的英语学习成绩，从而确保学生毕业后具备一定的英语知识和能力。

英语教学界和教育管理部门采取的学习动机激励措施无外乎融入型动机激励和工具型动机激励两类。融入型动机激励主要从学生自身事业发展和生活丰富性对知识基础的广泛性要求出发，以及全球经济一体化大趋势和中国社会经济发展对未来人才的需求，引导和激起学生对目的语社会的参与意愿和学习兴趣。但经过实践证实，在英语的实际教学过程中和学生自身英语学习的进程中，这种融入型激励往往显得流于空泛而缺乏切实的可操作性。

大部分学生认为自己毕业之后基本没有应用英语交际的必要，因此对英语的学习态度十分淡漠，有些人甚至放弃了对英语的学习，此时，工具型动机激励措施就起到了举足轻重的作用。

在如今的大学里，可以说绝大部分学校都偏重于运用工具型动机激励措施，比如大学英语教学将各种考试、考级、考证书作为激励大学生加强英语学习的主要手段，相关管理部门也将其作为评价大学英语教学水平和质量的重要标准。而这些考试、考级、考证书的集中体现就是大学生英语四、六级考试，其成为检验大学英语教学质量的标准，有的学校甚至与大学生毕业及学位挂钩，由此来激励学校加强英语教学，激励学生努力学习英语。

从学习动机的角度看，学生的学习行为是由他们自身学习动机的强弱支配的，是由内部的学习动机和外部的学习动机共同发生作用而促成的。从动机激励的表现形式看，内部动机主要表现为融入型动机激励，外部动机则主要是工具型动机激励。

（一）两类学习动机激励的表现形式与内在联系

加德纳动机理论的核心是融入型动机，其所对应的英语学习动力或动因是学生对目的语社会语言交际和社会生活的主动性意愿。工具型动机则更重视目的语的实用价值以及其语言优势，更多地表现为学生对于社会英语要求的适应。

就大学生个体而言，其英语学习动机往往是由两种动机类型的复合共存而构成的。

第一，融入型动机是学生个体的人生基本取向的体现，能持久、强烈地推动他们的学习。因为融入型动机激励一般从我国社会经济发展和全球经济一体化的大趋势对未来人才的要求，以及学生自身事业发展和生活丰富性对知识基础的广泛性要求出发，引导学生对英语社会的参与意愿和兴趣。

第二，工具型学习动机体现社会对学生的要求，其作用较弱，具有短暂但强迫性较强的特点。考试、考级、考证是工具型动机激励的集中表现形式，并以其强迫性督促学生强化英语学习，可收到十分直接的激励效果。但由于其激励方式的强迫性和被动性，往往令学生产生心理抵触等负面影响。

在英语教学的实际过程中，许多学生在学习中都具有深层的融入型动机，只是其所拥有的程度不同。但由于各界种种因素的影响，学生学习动机往往在表层体现为工具型动机，并发挥重要作用。王荣英认为，这其实正是两类动机激励具有内在联系的表现。学生深层的英语社会参与意愿必须借助一定的英语知识和能力予以实现，而英语成绩及英语达标、达级的水平，则是其英语知识和能力的证明。[1]这样，"必须具备英语知识和能力"将学生深层的融入型学习动机和表层的工具型学习动机联系到了一起，产生了复合激励的效果。

---

[1] 王荣英. 大学生外语学习动机的复合型激励与方法探讨[J]. 湖南医科大学学报（社会科学版）2007（2）：235-237.

（二）融入型动机与工具型动机的复合型激励

英语学习动机是可以激发的。大量研究结果显示，激励学生学习动机的最重要因素就是教师自身的行为。在英语教学活动中，教师对于学生学习动机的有效激励，将会使学生产生很大的学习动力，得到良好的教学效果。因此，教师与教学管理者都必须利用各种有效的教学手段，最大限度地激发学生的学习动机。

在英语教学实践中，复合型激励方法是一个十分有效的学习动机激励系统，融入型动机激励与工具型动机激励相互渗透，相辅相成。

第一，融入型动机激励侧重于潜移默化，润物无声。这种动机激励往往借助于英语教学的文化熏陶、氛围感染、精神激励等产生作用。融入型动机要求教师在教学过程中，始终有意识地营造一种影响学生学习意愿的教学环境。即使是在设计测验、考试、评价等功利性教学环节，也仍要从其内容和形式诸方面服从于融入型动机激励的教学环境。

第二，工具型动机激励强调切实明确与可操作性。这种动机激励更多地体现在具体的教学环节上，以尽量适合学生实际的教学内容、进度、程度等，有步骤、循序渐进地引导和推动学生在英语学习上不断进步，既直接发挥工具型动机激励的作用，又间接增强融入型动机激励的效果。

在具体的英语教学中，这两种动机激励手段并不能分开，意思是说在同一教学过程中既要引起学生对知识的长期兴趣，调动学生的融入型学习动机，又要施以明确的标准、目的、要求、奖惩等，激发学生的工具型学习动机。二者互为表率，交叉融会，共同发挥着学习动机的激励作用。

教学活动能否有效地开展并取得显著成效的关键就是提高并保持学生的学习兴趣和积极性，充分发挥他们的主观能动性，让他们进行自主创新的学习。因此，教师在英语教学过程中不仅要重视学生的语言知识和语言技能的发展，还要关注学生情感态度的发展。显而易见，学生的学习动机正是情感态度中重要的一环。教师在教学中应不断激发并强化学生的学习兴趣，并引导他们逐渐将兴趣转化为稳定的学习动机，以使他们树立自信心，锻炼克服困难的意志，充分认识到自己的优势与不足，养成乐于与他人合作的习惯，形成和谐健康的品格。另外，要培养学生对英语学科的积极情感和正确态度，发展他们在英语学习中的动机、兴趣、自信、意志和合作精神等。

三、学习动机的培养

大学英语学习动机的培养策略有如下几点：

(一) 掌握大学英语教材，激发学生的学习动机

大学英语教材是专家编写的用来供教师和学生进行教学活动时使用的材料，具有一定的抽象性。教师要认真钻研和分析教材，挖掘出蕴藏在教材中的知识点，组织学生进行探讨活动，从而形成良好的学习氛围。同时，教师在教学过程中应以丰富、生动的教学内容，灵活多样的教学方法，来吸引学生的注意力，令学生产生精神上的满足，从而达到激发学生学习动机的目的。

(二) 鼓励学生自主探索研究，保护学生学习动机

教师在课堂教学中要力求体现学生的主体地位，敢于放手让学生参与学习活动，留给学生一个自主探究的空间。要保证学生思考、探讨问题的时间，让他们自己经历发现知识、思考问题、寻找规律、概括结论、质疑难问乃至整个知识结构的建构过程。在丰富多彩的自主探究活动中，学生的生命潜能和创造精神就会得到充分的释放。

(三) 给予学生合理正确的评价，保持学习动机

教师不仅要激发学生心灵深处那种强烈的探求欲望，而且要让学生在探究活动中获得成功的情感体验。因为只有那些获得成功的学生才会保持足够的探究热情，产生更强大的内部动力以争取新的成功。苏霍姆林斯基说："在人的心灵深处，都有一种根深蒂固的需要，就是希望感到自己是一个发现者、研究者，探索者。"对于学生提出的各种探究性问题或设想，教师都应认真对待，积极引导；在探究过程中，教师的评价要以激励为主、运用多种评价策略，并以自己的语言、神态、动作等方式来激励学生，使学生保持探究热情，积极参与探究活动。

(四) 注重培养学生的成就动机，使学生的学习动力持久化

成就动机强的学生，对成功感到骄傲，对失败却不是很沮丧；而成就动机弱的人对成功没有多大的追求，却非常害怕失败，思想负担重。虽然追求成功和回避失败都能促进学生去学习，但在心理上的作用不同。追求成功使人振奋，积极进取，学习效果也好；回避失败使人焦虑压抑，消极被动，怕学厌学。在一定程度上可以说，成就动机是学生学习毅力的源泉，可以使学生的学习动力永不枯竭。同时，成就动机也是刻苦和自觉学习的动力。因此，教师应该教育学生努力提高自己的成就动机。

(五) 加强小组活动，提升学习动机

学会合作与交流是现代社会所必需的技能，教师在教学中要提供探索材料，让学生有

计划地组织合作探究，以形成集体探究的氛围和培养学生的合作精神，促使集体智慧高度结晶。另外，教师在教学过程中还应该提高学生学习的自觉性，增强学习的自主性。因为学生一旦形成了自觉性的学习习惯，就会迸发出极大的热情去探究知识，并在这个过程中表现出不畏困难、勇往直前的坚毅精神。

（六）培养学生正确的归因观

学生把成功和失败归因于何种因素，对以后的工作态度和生活的积极性有很大影响。学生常常用能力、努力程度、任务的难度和运气四个因素解释学习成败的原因。学生的成功是激发学生良好的学习动机和兴趣的一个关键因素。因此，当学生完成某一项学习任务后，教师应指导学生进行成败归因，引导学生找出成败的真正原因。此时，有三种方法可以使用：①观察学习法，即学生观察模仿归因榜样，学会正确归因；②团队讨论法，即小组成员共同讨论学业成败的原因，由一名受过训练的教师或管理人员进行引导，指出归因误差，鼓励符合实际的归因；③强化矫正法，即教师根据学生情况，结合学科教学内容，对有归因偏差的学生进行暗示和引导，鼓励做出正确归因的学生，促使他们形成积极的归因。当学生关注自己的努力时，他将成功归因于自己付出的努力，失败归因于自己努力不够。这种归因方式对于培养学生内在动机，形成认识失败、面对失败时不会受环境影响的正确态度及形成良好的自我意识具有重要作用。而有些学生常常把自己的成功归因于自己的努力和能力，失败归因于任务的艰难和运气不佳，但对于他人的分析刚好相反。这种有偏爱情绪的归因，教师应因势利导，帮助学生进行切合实际的归因，并通过归因调整状态，确立新的目标。

（七）建立良好的课堂环境，提高学生的学习动机

教师作为课堂教学的主导，其任务是引导学生自己学习英语、研究英语，从而能够灵活运用英语。建立民主、平等、亲密的师生关系，创设和谐、宽松的课堂氛围，是学生主动探究的前提条件。鼓励学生自主探索，独立思考，发表独特见解，敢于与教师辩论，指出教师讲课中的失误及教材的不妥当之处。如此，课堂上就会呈现出一种积极向上、自然和谐的学习景象。

（八）培养学生的认识兴趣，促成学生的学习动机

所谓认识兴趣，即推动学生学习的一种内部动力。当学生对某事物具有兴趣时，这种兴趣就会驱使他积极地从事这方面的学习活动，从而获得比别人更多的知识。一般来说，认识兴趣强烈的学生在学习中常常会忘记疲劳，精神高度兴奋，思维活跃。这时，教师可

以通过丰富教学内容来培养学生的认识兴趣，并令其转化为学习动机。美国心理学家布鲁纳说过："学习的最好刺激，乃是对所学教材本身的兴趣。"学生对所学教材的内在兴趣是最大、最持久的动机。丰富教学内容的方法有如下三个：

1. 讲课时灵活运用教材内容。教师讲课时在思想情感上要尽量引起学生的共鸣，带着一种高涨、激动的情绪进行学习和思考，提出的问题要切合实际，深浅适度，难易得当，从而培养学生强烈的学习兴趣。

2. 及时补充新鲜知识。教师要特别注意选取那些当前发生的时效性较强的新知识、新信息应用到课堂教学中去，如此不仅能够满足学生的好奇心，而且更能培养他们的学习兴趣。

3. 丰富学生的感情材料。教师可以让学生多参加社会活动，在实践中教育自己，不断培养和强化自己的学习兴趣，并由此产生新的兴趣需要。

（九）了解和满足学生的需要，促进学习动机的产生

不同的社会和教育对学生的要求不同，因而反映在学生头脑中的学习需要也不同。学生的学习动机产生于需要，需要是学生学习积极性的源泉。学习动机的培养，是使学生从没有学习需要或很少有学习需要到产生学习需要的过程；是使学生把社会的需要和教育的客观要求变为自己内在的学习需要，把已经形成潜在的学习需要充分调动起来的过程。教师要培养学生的学习动机，就应当重视学生的需要，尤其是学生的心理需要，分析学生存在的问题以及合理需要是否得到应有的满足，并通过采取一些强化和训练手段使学生掌握一系列认知和行为策略，使之内化成心理需要，形成自觉性、坚定性、自制力、有恒心等学习品质。

由此可知，大学教育在满足大学生的合理需要时，要考虑选择有效的强化物来强化其学习动机，如选择学生喜欢、想得到的物品或活动等。但教师若一味以学生的喜爱作为有效强化物的标准，则会阻碍学生的发展。因此，教师要善于选择适当的强化物来满足学生的合理需要，矫正其不合理需要，促使其学习动机的产生。此外，教师可以在学生没有学习需要的情况下，引导学生把从事其他活动的动机转移到学习中来，即利用原有动机的迁移，使学生产生学习需要。

综上所述，英语学习动机是英语学习行为的直接原因和内部驱动力，是影响英语学习的重要因素。在大学英语教学过程中，教师应充分发挥其"中介作用"，采取有效的教学方法和策略，激发起学生英语学习的积极性，并使学生掌握学习策略、体验到学习成功的喜悦和乐趣，从而将他们引向合理的外在学习动机，不断增强内在学习动机。正确的学习

动机既是掌握知识的必要条件，又是形成高尚道德品质的重要组成部分。因此，要充分调动学生的学习积极性，正确培养学生的学习动机。

四、学习动机的激发

学习动机的激发是指把已形成的潜在的学习需要充分调动起来，也就是说，要培养和调动学生学习的积极性。通过激发学习动机可以进一步培养和加强学生已有的学习动机。

（一）更新教育观念，转变教师角色

激发学生的学习动机，教师首先要更新教育观念，转变自身角色，采取多种教学方式来增进师生间的情感交流，采用生动形象且适合学生心理发展和个性特征的教育方式，建立良好的师生关系，激发学生高水平的求知欲，适时地对学生进行学习目的和意义的教育。

（二）创设问题情境，实施启发式教学

启发式教学最大的特点是能够充分调动起学生学习的积极性。与平时教师"嚼烂"知识"喂"给学生的做法相反，启发式教学引导学生积极思考，自己找出问题的答案并总结出结论，而启发的关键就在于所谓问题情境，就是创设一种使学生产生疑问，并渴望得到答案，经过一定的努力能够得到解决的学习情境。这种情境是最容易激发学生求知欲并获得理想教学效果的方式之一，而能否形成问题情境，主要看学生的学习任务与已有知识经验的适合度如何。学习任务完全适合或完全不适合，均不能构成问题情境，只有在既适应又不适应的情况下，才能构成问题情境。教师如果想要创设问题情境，首先必须熟悉教材，了解新旧知识之间的内在联系；其次要求教师充分了解学生已有的认知结构状态，使新的学习内容与学生已有水平构成一个适当的跨度；最后，认知好奇心是学生内在的学习动机的核心，是一种追求外界信息、指向学习活动本身的内驱力，因此要想激发学生的认知好奇心，还需要考虑信息量的质量和大小。

（三）根据作业难度，恰当控制动机水平

美国心理学家耶基斯（Yerks）和多德森（Dodson）认为，中等程度的动机激起水平最有利于学习效果的提高。同时，他们还发现，最佳动机激起水平与任务难度密切相关：任务较容易，最佳动机激起水平较高；任务难度中等，最佳动机激起水平也适中；任务越困难，最佳动机激起水平越低。这便是有名的耶基斯-多德森定律（简称倒曲线）。[1] 因此，教师在教学时要根据学习任务的不同难度，恰当控制学生学习动机的激起程度。

---

① 韦世源. 耶基斯——多德森定律对初中英语教学的启示[J]. 中学课程辅导（教学研究），2018（20）：27.

（四）培养学生自主学习的能力

强烈的学习动机只是学好英语的前提条件，英语学习本身是十分复杂的。学生想要真正学好英语还必须培养自己的自主学习能力。教师应该让学生在有限的课堂学习中掌握基本的语言点，然后自己在课后的操练与应用中做到举一反三，在一些交际活动中能够展示自己的英语水平和能力。

（五）充分利用反馈信息，妥善进行奖惩

从归因理论中可以看出，教师在教学时给学生的反馈（尤其是对学生考试成绩的评定）信息会对学生的学习动机的形成产生很大的影响。教师在教学全过程中，应及时提供学习反馈，及时给学生提供学习结果，使学生及时看到自己的进步。学习结果包括让学生看到自己所学知识在实际运用中的成效，解决课题时的正确与错误，以及学习成绩的好坏。一方面，学生可以根据反馈信息调整学习活动，改进学习策略；另一方面，学生为了取得更好的成绩或避免再犯错误而增强了学习动机，从而保持了学习的主动性和积极性，对于学生的学业评定、学习态度主动性等教师应该及时进行评价，并且要对不同类型的学生进行中肯的、有激励性的评价，提升学生的能力水平。这就要求教师能够帮助学生建立具体的学习目标，以及在每一个阶段所要达到的学习效果，及时批改作业、写好评语，就学习结果，学生一起进行分析探讨，使学生受到鼓舞和激励。

此外，适度的表扬与奖励比批评与指责能更有效地激发学生的学习动机，因为前者能使学生获得成就感，增强自信心，而后者作用恰恰相反。为了巩固和发展学生正确的学习动机，还必须给学生以正确的评价和适当的表扬与批评。在此过程中我们应努力做到以下几点：①评价一定要做到客观、公正和及时；②表扬与批评要考虑到学生个性差异的特点，从而讲究不同的方法；③使学生对评价有正确的认识和态度。尽量多鼓励，多表扬他们的进步，降低他们的焦虑，保护学生的自尊心，增强他们学习的自信心。

（六）帮助学生设立明确、适当的学习目标

学习目标是学生学习的结果，是奋斗的方向。没有目标，容易导致学习的盲目和被动，这是所有学习问题的潜在因素。因而，设立明确、适当的学习目标显得尤为重要。这样不仅使学习目标具体化，让学生知道如何去做，而且学习目标的难度也适合学生的能力，更能够激励学生的学习动机，调动学生的学习积极性。

（七）采取新颖、创新化的教学方法，激发学生学习动机

新颖的东西才能引起学生的注意和兴趣，所以教学内容和教学方法的不断更新和变化，可以使学生保持积极的学习态度。此外，采用灵活多样的教学方法也是非常重要的。教学方法是教师为完成教学任务、提高教学质量、充分调动学生学习积极性所采用的方式和手段。因此，教师应不断更新教学方法，发挥创新意识，运用发散性思维教学模式。教师可根据课堂内容的难易程度，把握学生的思想状况，以及针对学生的思维特点，运用实验法、讨论法等多种教学方法，使教学内容新颖丰富，让学生把学习变成一种愉悦的需求，激起学生的求知欲。

（八）正确指导结果归因，激发学生的学习动机

归因方式对学习动机的影响有三点：首先，就稳定性维度而言，学生将成败归因于稳定因素，如果学生对未来结果的期待与目前的结果是一致的，会增强他们的自豪感。其次，就内在性维度而言，如果学生将成功或失败归因于自身内在的因素，如自己的能力、努力、身心状态等，学生则会产生积极的自我价值感；如果学生将成功或失败归因于个体外在因素，如任务难度、运气、外界环境等，则学习结果不会对其自我意象产生影响。最后，就可控性维度而言，如果学生把成功或失败归因于可控因素，学生会对自己充满信心或产生一种内疚感；反之，如果学生把成功或失败归因于不可控因素，则会产生感激心情或仇视报复情绪。由此，在学生完成某一学习任务后，教师应指导学生进行成败归因。一方面，要引导学生找出成功或失败的真正原因；另一方面，教师也应根据每个学生以往成绩的优劣进行归因。

（九）对学生进行竞争教育，适当开展学习竞争，激励学生的进取精神

竞争是激发学生学习动机和提高学生学习成绩的一种有效手段。通过竞争活动，可以令学生的成就动机更加强烈，学习兴趣和学习毅力也会有所增加。但为了保证竞争对激发学习动机能够产生积极作用，应注意以下几点：

1. 在多种竞争形式中以团体竞赛为主，团体竞赛不仅可以增强学生的协作精神，而且还有利于团体精神的培养。

2. 竞争内容与指标须多样化，用以培养学生广泛的兴趣，使每个学生都有展现自己才能的机会。按学生的能力等级进行多指标竞争，让每个学生都有获胜的机会。

3. 竞赛活动要适量。竞赛本身在一定程度上会给学生带来情绪上的紧张感，产生一定的心理压力。因此，竞赛不应过于频繁，且题目应该难度适中。

（十）构建健康向上的校园文化

所谓校园文化，是指学校中的主体在学校生活中所形成的具有独特凝聚力的学校面貌、制度规范和学校精神气氛等。为了激发学生学习英语的动机，学校管理部门应在学校面貌和学校精神氛围上注入英语的气息，让学生处处都能感受到学好英语的重要性。欧洲现代第一所新式学校的创办人雷迪说："学校不应该成为一块人工造成的地方，专靠书本做媒介，而不与生活相通连。"不难想象，有时学生对英语学习缺乏动机和兴趣，在很大程度上是他们无法感受到学习英语的紧迫性。尽管中国加入世界贸易组织（WTO）和经济的飞速发展已使英语的工具性和重要性日益突出，但这些对于尚未真正接触社会的大学生来说是无法体会的，而仅仅只是靠教师家长的说教是十分苍白无力的。因此，学校的相关部门一定要在校园文化上下功夫，让学生每时每刻都能想起和接触英语，让他们在潜移默化中激起一种学习英语的欲望。例如，可以在教室里张贴英语手抄报，在走廊两边悬挂宣传画，在走廊里展示学生作品、英文报纸等。有的学校别出心裁，在一幢大楼的每一级楼梯上都写有一句英语谚语或警句，给人耳目一新的感觉。此外，学校也可以利用学校广播播放一些英语新闻与歌曲，让学生在休息与活动中感受到英语的学习氛围。虽然这些都只是一种环境文化，但它也是一种潜在课程，暗含着许多教育意义。另外，学校也可以在观念文化和制度文化上对英语给予一定的关心与重视，这对学生学习动机的形成和保持也是大有裨益的。

第二节　高校英语的学习方式

一、资助学习

在当前的知识经济和互联网时代，知识的重要性显得尤为突出，并且知识更新日益迅速，这就对人们的学习能力提出了巨大挑战。如果人们不能开发自己的学习潜能，便会被社会所淘汰。因此，终身学习这个理念引起了人们的重视，要想实现终身学习，必须具有独立自主的学习能力。与此同时，英语教学也应该致力于培养有自主学习能力的学习者。

（一）自主学习的内涵及特征

1. 自主学习的内涵

自主学习是与传统的接受学习相对应的一种现代化学习方式。以学生作为学习的主体,学生自己做主,不受别人支配,不受外界干扰通过阅读、听讲、研究、观察、实践等手段使个体可以得到持续变化(知识与技能,方法与过程,情感与价值的改善和升华)的行为方式。

2. 自主学习的特征

(1) 自主计划

自主计划是在学习之前发生的,为接下来的学习活动所做的准备工作。在这个阶段,学习者需要了解学习内容,选择学习策略。具体来讲,自主计划包括先行组织、集中注意、选择注意和自我管理。先行组织就是在自己原有知识的基础上预习即将要学习的新资料,了解大意和相关概念;集中注意是指始终将注意力集中在所要学习的资料上;选择注意就是注意学习过程中的特定方面而忽视其他方面;自我管理是创造条件促使学习任务的完成。

(2) 自主监控

自主监控,简单来讲,即对整个学习过程的检查、调整和确认。这既包括监控自己听到的、看到的、理解到的知识信息,也包括对学习计划、学习方法和策略的监控。对学习计划的监控是指监控计划的科学性以及时间分配的合理性;对学习方法和策略的监控只涉及方法、策略的选择是否恰当。

(3) 自主评价

自主评价发生在学习活动的最后阶段,是对自己学习任务的完成情况进行的分析、判断。它包括对计划和时间分配的合理性、知识信息的获得、策略的运用等进行评价。自主评价有利于学习者反思学习过程中遇到的问题,总结经验教训,以便对下一次的学习进行指导。

(二) 自主学习的理论基础

国内外的教育专家之所以大力提倡自主学习,是因为它有稳固的理论基础。认知学习理论、建构主义学习理论、人本主义学习理论以及社会语言学是自主学习的四大理论基础。

1. 认知学习理论

现代认知学习理论包括布鲁纳(Bruner)的认知发现说、奥苏伯尔(Ausubel)的认知同化说及加涅(Gagne)的信息加工说。[①]认知发现说主张学习每门学科的内在结构,并且这种学习需要经历获得、转化和评价三个阶段,它同时强调利用头脑中的已有经验主动学习新的结构性知识;认知同化说指出,已有的认知结构对于新知识的学习是一种必要条件,

---

① 曹南燕. 认知学习理论 [M]. 开封:河南教育出版社,1991.

学习就是将新旧知识建立联系的同化过程；信息加工说指出，学习就是对知识进行编码加工的过程。

2. 建构主义学习理论

建构主义学习理论的本质是：学习是学习者在新信息的刺激下，对已有知识的重组和调整，以及对新知识形成有意义的解释和理解，从而建构新的知识结构。并且它认为，知识并不是对客观世界的绝对客观反映，它只是人们对世界的看法和理解，是相对可信但不是永恒不变的真理，因此知识会随着社会文明的进步有所发展。

3. 人本主义学习理论

人本主义学习理论是以人本主义心理学为基础，其代表人物马斯洛（Maslow）和罗杰斯（Rogers）。人本主义学习理论认为学习不仅是认知的学习，而且是经验的学习；认知学习是无意义学习，经验学习是有意义学习；学习最终导致个体在智力、情感、态度、人格和行为等方面发生稳定的变化。总之，人本主义学习理论包括：①学习是个体的全身心的投入，重视知识和情感的作用；②学习是自我管理、无教师指导的，即自己发现、自己理解并且自己评价；③学习是在无威胁的环境中进行的，教师应尽量给学生创设舒适轻松的学习环境。

4. 社会语言学

社会语言学兴起于20世纪60年代的美国，它包括两个领域，即社会领域和语言领域。社会语言学的研究目标既有社会的又有语言的，它是探讨语言在社会范围中的广泛使用的理论。杨永林则认为，社会语言学包括语言结构和社会语境这两个研究主题，主要探讨语言和社会之间的关系，也就是将语言结构放到社会这个背景下去分析研究。

（三）自主学习能力的影响

1. 自我效能感

自我效能感是个体对自己是否能完成某目标的自信程度。它对自主学习能力的影响主要有：①影响学生选择学习任务。一般来说，学生会选择跟自己能力匹配或相当的任务，由于个体的自我效能感高低不同，所以选择的任务不同。②影响学生制定学习目标。自我效能感与学习目标的选择是正相关的。③影响个体在遇到学习困难时的耐受力。自我效能感越强，越能直接面对困难并坚持适应困难。④影响学习策略的选择。自我效能感越高，越能合理地运用元认知策略和认知策略。

2. 学习动机

学习动机是激发和维持某一学习行为的驱动力。学习动机和自主学习是呈正相关的，学习动机越强，就越能激发自主学习，它为自主学习提供动力和方向。而学习动机是一种内在心理过程，是无法观察到的，因此具有隐蔽性，但仍然可以通过学习的外在表现，如学习态度、学习时间等推断其强弱。

3. 归因

归因是个体对自己成败原因的解释。归因对自主学习的影响不可忽视，把学业失败归因于内在稳定的因素，会降低其自主学习性；而把学业失败归因于可控制的因素，就会提高其自主学习性。

4. 学习策略

学习策略是指为了实现学习目的而采用的学习规则和手段，其对自主学习有一定程度的影响。选择了合适的学习策略，就等于选择了较大的成功概率，而成功的次数越多，自主学习的可能性也就越大。不仅如此，学习策略还可以使学习者在学习过程中更加轻松，因为一旦对规则和手段更熟悉，做某事就更加得心应手。

5. 社会环境

影响自主学习的社会环境包括教师和同伴，这两者都是影响自主学习的外在因素，然而二者对学生个体的自主学习有着广泛而深远的影响。

（1）教师

教师的教学模式、管理方式、指导方式都影响着学生的自主学习。通常情况下，以学生为中心的教学模式，较能使学生发挥主动性，也就能提高学生的自主学习能力。再者，如果教师采取民主、自由的管理模式，也能提高学生的自主学习能力。另外，教师在学生的学习过程中给予的指导也是自主学习能力很大的影响因素，如果教师在需要时提供心理上、技术上的指导，而不是处处控制干预，那么学生的自主学习能力也会有所提高。

（2）同伴

首先，个体对自主学习能力的评估会受到同伴的学习结果的影响，因为个体会把学习进行相互比较。其次，在培养能力方面，榜样的力量是相当强大的，个体可以在观察、模仿和内化的过程中不断提升自己的自主学习能力。最后，同伴之间的人际交往也影响自主学习能力。一般来讲，在关系亲近、氛围轻松、团结友好的人际关系中，个体较能通过互相帮助提高自己的自主学习能力。

（四）自主学习能力的培养

1. 提升自我效能感

自我效能感影响着自主学习，那如何提高自我效能感以促进自主学习能力的提升呢？

这就需要学生在语言学习方面不断进步以便获得持续的成功。学生可以制定阶梯式的学习目标，先完成简单的目标以建立信心，然后再慢慢地增大任务难度，并且这种难度是可以通过自己的努力达到目标的，这样自己就会在不断地尝试成功当中提升自我效能感，形成"学习成功—自我效能感提升—学习成功—自我效能感提升"的良性循环。

2. 增强学习动机

学习动机可分为内部动机和外部动机，内部动机与爱好倾向、成就感等有关，而外部动机与学习行为是否满足外在要求有联系。所以要想增强学习动机，一方面，学生在英语学习中要注意培养兴趣，并让自己尽可能多地体验英语学习带来的成就感；另一方面，当自己达成了学习目标之后，要给予一定的外在奖励作为鼓励，也就是给予正强化。

3. 正确归因

归因方式对自主学习有着不可忽略的影响。美国心理学家韦纳（Weiner）认为，成败的原因有六种，分别是能力、努力、任务难度、运气、身心状况、其他人或事的影响。[①] 他进而从三个维度对这六个因素进行了划分：内部与外部、稳定与不稳定、可控与不可控。其中，能力和任务难度是稳定的，努力是可控的。当学生将失败归因为不稳定、不可控的因素，他就不会丧失希望，进而加强自主学习，不断提升自己；而当学生将成功归因为稳定的、可控的因素，他就认为是自己能力强并且努力到位，持续的尝试成功的欲望就不会消失，因而也会加强自主学习。

4. 训练学习策略

学习策略也会对自主学习有一定的影响。良好的学习策略会减少学生在学习过程中的挫折和不知所措的感觉，使其提高学习效率并保持较高的学习情绪，这对自主学习大有裨益。学习策略训练包含：首先，教师应该亲自示范学习策略，并让学生对它的运用理解透彻；其次，教师要布置学习策略的操作案例，让学生课外练习巩固；再次，还要将学习策略进行班级性的讨论，另外，教师应该在课堂上选择合适的教学内容，然后将学习策略渗透其中；最后，让学生围绕该学习策略设计相关的课堂活动。

5. 优化社会环境

社会环境包括教师和学生两方面。教师要不断地制造让学生成功的机会并适当地给予正强化，以提升学生的自我效能感和学习动机。同时，教师要引导学生进行合理的归因，让学生拥有希望，可以通过劝说的方式去引导。教师还要向学生传授学习策略，因为学习策略也是自主学习能力的一种体现。另外，教师要创设自由轻松的氛围，并且投入自己的

---

① 崔淑娟. 高校英语教学中的韦纳归因理论探究及应用 [J]. 经营管理者（中旬刊），2018（2）.

热情，提升人格魅力，让学生对自己心悦诚服，进而加强自主学习。学生必须和同学建立良好的伙伴关系，以便在自主学习方面获得更多的社会支持。

二、合作学习

教学改革背景下，大学英语注重培养学生的英语交际应用能力，而合作学习就是需要小组成员之间的交流配合，因此它的存在是必然而合理的。它是一种群体共同学习的方式，是团体精神在学习领域的体现，并且在某种情境下，它比个人独自学习更有效。

（一）合作学习的定义及基本要素

1. 合作学习的定义

所谓合作，是指个人与个人或者群体与群体之间基于一个相同的目标而采取一定的群体规范，共同行动、积极配合的方式。因此，合作学习就可以这样来定义：它是以一个学习目标为导向，以生生、师生、师师之间的协作为基本动力，以小组为表现形式，以小组成员之间的学习活动为主体，以团体总成绩为评估依据的一种学习方式。

2. 合作学习的基本要素

合作学习的要素归纳起来有三点：①小组活动。没有小组活动就没有合作学习。小组活动，是指小组有明确的学习活动时间、明确的学习活动目标、明确的学习活动任务、各个组员间的明确分工、真实详尽的学习活动反馈。②相互支持。组员间的利益是联系在一起的，每个成员的学习行为都会对整个小组的学习造成不可忽视的影响，因此组员之间必须在心理、资源等方面相互支持，才能使整个小组的利益最大化。③组员间的人际交往技能。良好的小组氛围影响着学习目标的实现，因此组员应该掌握一定的人际交往技能以便创设良好的氛围。这就要求组员之间彼此信任、积极沟通以及正确地处理冲突，这些都是人际交往技能的表现。

（二）合作学习的理论基础

1. 动力理论

动力理论是由格式塔心理学提出的。动力理论将合作小组看成一个动力整体，这个小组的统一目标能够带给组员一定的学习动力。组员的利益是连在一起的，并且组间的竞争也有利于组员提高为共同利益而奋斗、对抗竞争对手的意识。组员之间的学习行为也是相互影响的，主要表现在组员的努力程度和学习状态受其他组员的影响，因此只有每个成员都将自己的能力和努力发挥到最佳，才能最大限度地实现学习目标。

2. 选择理论

美国心理学家威廉·格拉瑟（William Glasser）创造了选择理论。[1] 他认为人的一生有多种需要，如合作的需要、归属的需要、与人分享的需要、爱的需要以及关心他人的需要，人们会尽量去满足它们。而合作学习正好满足了这些需要，因为成功的合作学习在某种程度上会使人获得归属感、爱以及分享的喜悦感。需要的满足才能带来幸福的、有质量的生活。

（三）合作学习的基本模式

1. 分组

合作学习的第一步是将学生进行分组，这里涉及几个原则：第一，教师必须决定小组规模。可根据学习活动的时间、学习材料的多少来决定小组规模。第二，最好将能力不同的学生分到一组，能力不同的学生在一起可以促进学习以保证各个小组的能力水平相当。第三，将学习风格不同的学生放到一组，研究表明，不同学习风格的学生在一起，有助于学习效果的提升。第四，组员的选择应由教师来定，而不能自由选择，因为自由选择的小组会做较多与学习无关的事情。

2. 任务分配

分组结束后，紧接着就是分配任务。分配任务是合作学习过程中很重要的一个步骤，任务分配的明确与否影响着合作学习的成功与否，进而影响合作学习的评价。教师应以清晰详细的方式告知各个小组的任务，解释完成任务的规则和步骤，规定所需要的时间，然后向学生提一些和任务相关的具体问题，以检查学生是否真正理解了各自的任务。这些都是教师作为合作学习的引导者的体现。

3. 过程管理

学生开始合作学习的同时，教师也有自己的工作，那就是对整个过程进行监督管理。教师要观察学生的表现并不时地给予提示，也可以用提问来检查学生的表现。教师在必要时应向学生提供帮助，解答学生的问题，让他们在学习过程中少走弯路，从而提高学习效率。对于学习中遇到的每个问题，组员应该先做深入思考，然后再和其他组员讨论交流，教师应该尽量保证让学生做到这一点。

4. 效果评价

在合作学习的最后，还要进行学习效果评价。要注意把学习过程和学习结果结合起来进行评价，把小组集体和小组个人结合起来进行评价。小组集体评价的目的是使组员明白合作学习是培养学生的团队精神，个人的成功依赖于集体的成功。尽管如此，也不能忽视对小组个人的评价，否则会使学生丧失学习的积极性。

---

[1] 欧昌铭. 合作学习形式化的根源及改进策略——基于威廉·格拉瑟选择理论[J]. 课程教学研究，2020（3）：43-48.

（四）合作学习的效益

1. 批判性思维

批判性思维已经被许多教育家提倡为高等教育的重要目标之一，由此可见，它对于大学生的意义之大。因为批判性思维具有开放性和分析性的特点，而合作学习过程中的互动、讨论等环节，就鼓励了学生将不同观点、不同思路开放性地表达出来以供组员思考分析。选择了正确的学习方法，对批判性思维的发展更具有重要意义。研究表明，小组讨论这种学习方法比学习内容更有利于促进批判性思维的发展。

2. 积极的人际关系

为了提高合作学习的效果，小组成员必须增强信任感，减小心理防御。并且提供高效的支持，如资源和信息等，还要能接受别人的质疑，在遇到分歧的时候，不是回避而是平等地交流讨论，这样有利于拉近彼此的关系。另外，在相互评价时，还要能提供积极的反馈以便组员在未来做得更好。最后，相互激励也是很重要的一环，因为被鼓励、被尊重能增强学习欲望。合作学习的效果良好，必然有着积极的人际关系；反过来，积极的人际关系也会带来良好的学习效果。因此，学习效果和人际关系是相辅相成的。

3. 健康的心理

除了合作精神，良好有效的合作学习不仅可以提高组员对人的情绪或者对所处的情景的敏感度和观察力，而且能形成较高的自尊心。在相互联系的社会网络中，合作精神、观察力和自尊心都是维持心理健康的重要因素。因此，合作学习有助于维持健康的心理，健康的心理可以增强人体免疫力、提升幸福感，因此它是相当重要的。

第四章　高校英语词汇与语法课堂教学

第一节　高校英语词汇课堂教学

一、词汇课堂教学的内容与目标

（一）词汇课堂教学的内容

词汇教学首先应考虑的是词汇教学的内容。只有首先确定了词汇课堂教学的内容，教师才能围绕此内容有计划、有针对地组织词汇教学。

对我国师生而言，英语学习是外语学习，因而词汇教学不仅包括词的相关信息、意义、用法和语法这四个方面的内容，还包括词汇学习策略的指导和学习。我们从以下五个方面介绍词汇课堂教学的内容：

1. 词的相关信息

词汇信息既包括词的读音、词的拼写形式，又包括词性、词的前缀和后缀等，这既是英语词汇基本的信息，又是学生学习英语词汇时应该掌握的最基本内容。

词的读音和拼写形式是词存在的基础，同时也是各词相互区别的第一要求。语言中的每个词都有它的声音形式。每个单词都有其形、音、义，其中词的发音应居首位，所以教会词的读音应是词汇教学的第一步。如果单词的读音不准确，就有可能会造成表情达意的错误。例如，如果把 vest[vest] 读成 west[west]，词义就会由"背心"变成"西方"。可见，词的读音不正确极易影响别人对词义、句意的理解。因此，教师在教英语单词时，首先要教单词的发音，教会学生正确读音。正确的发音将有助于学生记忆单词。

词的读音既是英语语音教学的内容，又是英语词汇教学的内容。在词汇课堂教学中，教师要注意将词汇的"音"与词汇的"形"统一结合起来进行教学。教师要引导学生将词的音、形联系结合起来进行记忆，从而做到见"形"而知"音"，因"音"而记"形"。例如，教师在讲解 bag 时，应该指出 a 在重读闭音节中发 [e]，但书写时要写 a。此外，教师还要联系学生已学过的单词 maths、stand、black 等，以帮助学生加强记忆 a 在重读闭音节中的发音。

词的前缀、后缀是非常重要的词汇信息，也是英语词汇课堂教学的主要内容。词的前缀、后缀会影响单词词义、词类，增加前缀后，单词的词性往往会改变。例如，前缀 se- 往往表示"一分为二"的意思；per- 往往表示"每一个，一直"的意思；a-、ab-、un-、dis-、im- 等前缀往往表示"不"的意思；ex-、e-、es- 往往表示"外，往外"的意思。而英文单词的后缀通常没有什么实际的含义，只是表示整个单词的词性，但给单词添加后缀通常会影响单词的词性。例如，-bility 通常表示"动作,性质,状态",-able 通常表示"可……的，能……的"。可见，了解、掌握词汇的前缀和后缀有助于学生理解、记忆和掌握这些词汇。

2. 词的意义

与词的相关信息相比较，单词的意义要困难得多、复杂得多。从语意角度来讲，母语与目的语之间的差别使一些词的含义就其内涵、外延而言在英汉两种语言中不尽相同。词汇的意义包括两方面：一方面是指概念意义，也就是词典中所标注的意思，即词汇的字面意思，又称为"词汇的外延"；另一方面是指关联意义，即一个单词的文化含义以及在具体的语用环境下的意义，又称为"词汇的内涵"。

一个单词的含义很多情况下是受到上下文的影响和制约的。我们在理解单词的含义时，要结合词组、句子、上下文，因为如果离开词组、句子或上下文，就很难理解词的意思，特别是转义。教师在词汇课堂教学中应通过各种手段使学生了解语意和情景之间的关系，使学生学会联系语境理解词义。

3. 词的用法

词汇的用法内容广泛，包括词汇的搭配、短语、习语、风格、语域。

词汇的搭配是英语词汇教学中非常重要的部分。在具体的语境之中，一个词往往要求和某些特定的词搭配。例如，conclusion 要与 come to 搭配，而 decision 要与动词 make 或者 take 搭配；有些词组是固定搭配，不能混用，我们可以说 go to school 或 go to bed，但却不能够说 go to home。allow、permit、consider、suggest 等这类动词后不能接不定式，只能接动名词。学生熟悉所学词汇的搭配习惯，不仅有助于其灵活运用所学词汇，而且有助于提高其听、说、读、写、译能力。

不同的词其使用场合也可能不同。有些词的使用非常普遍，在许多场合都可以使用，而有些词的使用范围则非常狭窄，在一些谈话中使用这些词属于不礼貌的行为；有些词只能用于口语中，用在正式的语体中就不合适。例如 children、kids 和 offspring 的含义尽管基本相同，但是 children 为中性词，既可以用于口语，又可以用于书面语；而 kids 为非正式用词，一般用于口语中；offspring 则是正式用词，一般用于书面语中。

有一些英语单词能够适用于不同场合，但是，即使一个词适用于不同场合，其意义通常因为使用场合的不同也有所差别。例如，我们通常都会用 hot 表示"热"，这是在书面语中的用法；如果用在口语中，意思就完全不一样了，比如我们说 That is a hot guy，在这里 hot 是形容一个人身材或是长相很吸引人。词还有褒义和贬义之分，例如 politician 和 statesman 都表示政治家，但前者有贬义。词也有抽象和具体之分，例如 clothes 与 coat 都表示服装，但是前者表示"衣服"，而后者指"外套、大衣"，后者表意比前者更为具体。

一般来说，学生在学习词汇时，主要依靠记。记词汇的基本信息即词汇的音、形和义，但词汇用法则需要通过大量的实践来进行学习和掌握。

4. 词的语法

词汇教学的内容还包括词汇的语法特点，简称"词法"。词法包括名词的可数与不可数，动词的及物与不及物，及物动词的句法结构等，例如接什么样的宾语，是接不定式还是动名词，是从句还是复合宾语等，还有形容词、副词的位置等。教师讲解单词的语法特点时，应根据需要指出它的词类。如果单词是名词，要指出其单、复数形式，以及其复数的构成方法；如果单词是动词，则要指出该动词的词形变化。如果一个单词是具有双重词性的词，也可加以说明。例如，单词 like 有两种词性：一是动词，此时 like 是及物动词，其句法结构为 Like+n.doing 和 like+to do；二是介词，此时单词后面要加代词、名词或名词性短语。再如，swim 一般是动词，但在"We stopped there for a swim"中，swim 是名词。

5. 词汇学习策略

教学的目的不只是传授知识，更重要的是培养学生的能力。也就是说，教师在教学中应侧重向学生传授学习技巧、学习策略，在词汇课堂教学中也不例外。词汇教学中应该培养学生词的记忆技巧和学习词汇的策略。

根据词汇学习的特点，词汇学习策略可以分为以下五种：

（1）调控策略。调控策略属于元认知策略。词汇学习中的元认知策略指对词汇学习进行计划、实施、反思、评价和调整，以及资源的使用和监控等。

（2）认知策略。这是指为完成具体学习任务而采取的行为和方法，包括猜测词义、记笔记、利用上下文等。认知策略主要用于理解词义和了解词形阶段。

（3）记忆策略。记忆策略指帮助人们记忆单词的策略。例如根据构词法、上下义和分类方式记忆单词等。记忆策略主要用于单词的巩固记忆阶段。

（4）资源策略。资源策略是指通过接触新词帮助学生增加词汇量的技巧和方法。例如利用课外读物、音像制品、网络、广告、字典等方式学习词汇。

（5）活动策略。活动策略是指通过课堂上组织的真实的或模拟的语境运用词汇，如讲故事、写信与他人交流沟通等。活动策略主要用于活用词汇阶段。

以上这五种词汇学习策略在词汇教学中是不可缺少的，也是相互促进的。

（二）词汇课堂教学的目标

研究认为，外语学习者在学习外语时，如果所学外语词汇量达到 5000 个，其阅读一般报刊图书的正确率是 59%；如果词汇量达到 6400 个，则阅读正确率可达 63%；如果达到 9000 个，阅读正确率就可达到 70% 以上，可见，词汇量的大小与阅读能力的强弱有着紧密的关系。因此，我们可以说，英语词汇量的多少标志着英语水平的高低以及英语应用能力的强弱。

学生的词汇学习过程是一个不断递进、不断循环的语言技能发展过程。英语词汇学习既包括知识的学习，又包括技能的学习，而且对知识和技能的学习不仅有量的要求，还有质的目标。与英语的其他教学目标相比，英语词汇教学的目标更为具体和明确，无论是中小学的课程标准，还是大学的英语课程教学要求，或者是高等学校英语专业的英语教学要求，都对词汇教学提出了明确的数量要求以及一定的质的要求。

在不同的教学阶段，对于不同的教学对象，词汇教学目标也应该有所区别。但是，在众多的英语词汇中，总是有些使用频率高、实用性较强的词，于是就形成了一个最小词汇表，根据伯明翰语库的英语单词使用频率统计，提出了使用频率最高的 200 英语词汇表，这可能算是英语词汇教学中最小的词汇表之一。尽管只有 200 个词，但是毫无疑问，这个最小词汇表为英语教师进行英语词汇课堂教学提供了一个核心，对英语词汇教学起到了一定的辅助作用。

为了有助于明确英语词汇学习的目标，以及更有效地进行词汇教学，我们还可以对词汇进行细化。对词汇进行细化，可以把词汇分成听力词汇、口语词汇、阅读词汇、写作词汇等四个方面。对于英语学习者来说，他们掌握的阅读词汇量最大，口语词汇量最小。在具体的应用中，运用得越多的那个技能，其相应的词汇量就越大。一般来说，阅读词汇量大于听力词汇量，听力词汇量大于写作词汇量，写作词汇量大于口语词汇量。当然，这四个部分的词汇是可以相互转化生成的。

二、词汇课堂教学的策略

词汇课堂教学是英语教学的重要组成部分，而词汇课堂教学的策略直接影响着词汇教学的效果。从词汇课堂教学的过程、结果以及词汇课堂教学的内外条件来看，词汇课堂教学的策略与词汇学习的积累、记忆、理解和运用紧密相关。一般而言，人们将词汇课堂教学策略分为词汇呈现策略、词汇记忆策略、词汇应用策略和词汇评价策略。另外，对我国学生而言，还要有词汇学习的策略。下面我们对这些策略进行介绍：

1. 词汇呈现策略

英语教师进行词汇教学时，首先要呈现词汇，让学生认识词汇。不同的教师呈现词汇的方法各不相同，因此教师在具体的教学过程中选择合适的词汇呈现方法时，应该考虑词汇特点、学生的年龄和水平等因素，以求取得最佳的词汇课堂呈现效果。下面我们对几种比较有效的词汇呈现策略进行介绍：

（1）直观性策略

采用直观性策略进行词汇教学有助于学生理解词汇，加深学生对词汇的记忆。直观性策略既包括采用实物、图片、录像片段等生动形象的直观事物呈现词汇，又包括教师采用肢体语言和表情呈现词汇。下面，我们对这两类直观性策略进行介绍：

①利用形象事物。在词汇课堂教学中，教师要善于利用形象的事物辅助教学，以提高词汇教学的效果。

教师可以利用实物辅助教学。例如，教师在教 pen、book、pencil、eraser 等文具类单词时，或者 apple、banana、orange 等水果类单词时，可以把相关实物呈现在学生面前，学生边看着实物边记忆单词，就可以加深对单词的印象。

教师还可以使用图片、简笔画等辅助英语词汇课堂教学。图片的使用可以让学生对一些难以想象的东西进行直观理解，有助于提高学生的英语语言交际能力。例如，在教动物类单词时，教师可以先把有关动物的图片贴在黑板上，再在旁边写上相应的单词。这种方式可以提高学生的注意力以及学习积极性。

此外，教师还可以利用录像、投影、课件等多媒体设备辅助词汇课堂教学。这些现代教育技术的使用不仅可以给学生提供视觉新感受，而且可以帮助学生掌握正确、自然的语音、语调，课件的使用可将画面由静变动，加深学生对语言的理解和情景的把握。

总之，利用这些形象化的事物辅助英语词汇课堂教学，可以将所学单词及其相应的意象直接联系起来，不仅有助于学生理解单词、记忆单词，而且能够激发学生的学习兴趣，从而提高学习效率。因此，教师在教学中应该善于利用这些形象直观的事物辅助词汇课堂教学，以提高词汇课堂教学的效率和质量。

②借助动作、表情、声音等。在词汇课堂教学中，教师还可以借助肢体语言和表情呈现词汇。在课堂上，教师的一举一动都可以轻易地吸引学生的注意力。因此，教师可以使用形象幽默的肢体语言和丰富直观的面部表情使枯燥的词汇课堂教学变得生动活泼，从而使词汇课堂教学达到事半功倍的效果。教师可通过动作、表情、声音等呈现单词，表达单

词的意思，如 go、come、run、small、large、cry、smile、laugh、sneeze 等。开始时，学生会通过模仿教师的动作、读音学习单词，进而学会自由发挥，用自己的方式向教师和同学表达单词的意思。例如，在教 taste 和 tasty 这两个单词时，可以用粉笔盒做教具，做喝汤状，喝完后微笑，感叹：Oh, I am tasting the soup. It's tasty! 进而引导学生用他们的铅笔盒仿效并练习这两句话。通过这样的练习，学生就可以很快地将这两个词牢牢记住，并且学会运用。再如，在呈现 frightening 和 frightened 这两个单词时，教师可以先给学生看一张恐怖电影的海报，然后一边表现出非常惊恐的表情一边说：Oh, This film is so frightening. I feel frightened. 同学会看着教师夸张的表演哈哈大笑并争相模仿。

当然，教师在运用肢体语言时要特别注意尺度，太拘谨表达不出意思，太夸张则会弄巧成拙，都达不到教学的效果。总的来说，利用肢体语言和表情呈现词汇是十分有效并且有趣的词汇教学方法。这种方法简单易用，可以有效激发学生的学习积极性，并帮助学生有效记忆单词，因此，教师可以将这种方法广泛地应用于英语教学当中。

（2）语境策略

语境即上下文，也就是词、短语、语句或篇章及其前后关系。英语词汇中，同一个单词往往有多种含义，一个词在实际应用中的含义通常要结合其语境进行理解。同一个词在不同的语境中会有不同的意义。例如，white 既可以表达"白色"，又可以传达"纯洁""信任"等含义。因此，教师在教词汇时应该通过上下文展示词汇。例如，教 well 的名词时可以给出句子：Don't forget who dug the well when you drink water from it. 将所要记忆的词汇置于一定的语境中，在词汇之间建立语意联系，让学生通过语境猜出单词意思，这样学生对单词的记忆不仅准确，而且会长久。教师可以先提供一个语境，让学生猜测词义，再提供正确的词义。再如教师可以问学生：So what does "grumble" mean? 让学生通过上下文猜测词义，最后教师给出正确的解释。结合具体语境展现词汇不仅有助于学生准确理解该词的词义，还有助于学生掌握该词的用法，进而能灵活运用该词。可见，将单词置于语境之中进行教学比单独教单词要有效得多。

（3）情景策略

词汇的情境性是指词音、词义、词形的结构和搭配用法等都具有很强的民族性，受到社会文化环境、言语情景的影响。由于社会文化环境、地理环境的差异，不同的文化历史背景所形成的思维方式也各有不同。

实践表明，在英语学习中，某种具体环境有助于人们记忆与此相关的某些内容。因此教师要在具体的实际生活情景、模拟交际情景、直观教具情景以及想象情景中进行词汇课堂教学。结合情景讲解单词不仅可以引发学生的兴趣，便于学生记忆所学的知识，而且有助于学生在交际中恰当地使用所学知识。例如，教师在教授有关圣诞节的单词前，可以找一些关于圣诞节的图片、歌曲、视频等素材做成多媒体课件，在旋律动人的圣诞歌以及生动形象的圣诞节图片、视频的影响下，学生们开始学习关于圣诞节的词汇。在这样的情景中，可以使学生的学习兴趣在不知不觉中得到提高，学生能充分进入角色并感受到圣诞节的气氛，从而依靠这个情景掌握有关圣诞节的词汇。

总之，教师要善于创造合理有效的情景，在情景中进行词汇课堂教学，并注意正确处理传授词汇知识与培养学生运用词汇进行交际的能力之间的关系，使词汇教学贯穿于实际的或模拟的听、说、读、写等交际活动中，把课堂当成实践场所。

（4）解释与举例的方法

在词汇课堂教学中，解释和举例的方法也是呈现词汇的常用方法之一。这一方法对比较抽象的词汇或专有名词特别有效。英语解释法是用简单的、学生们熟悉的词汇来解释新的单词，使学生利用自己原有的知识掌握新单词的听、说、读、写。例如，教师可以这样解释下列单词：invite:ask someone to dinner or a party. different:not the same. entrance:place where you go in，使用简单的英语解释单词一方面便于学生理解和掌握新的单词，另一方面训练了学生的听力，同时还可以使旧单词得到反复重现，使学生加深对单词的记忆。对那些意义抽象的单词，教师除了解释还可以用举例说明、翻译的方式进行讲解，这样学生能更轻松地掌握单词的意思，比如，X-ray 意为"X 射线"。

（5）利用构词法及常见的词缀

英语词汇量十分庞大，但它本身并非无迹可寻，而是有其内在规律的。构词法就是英语词汇的内在规律之一，掌握基本的构词法有助于学生在英语学习中突破单词记忆的难关。有人统计，如果一个人学了 80 个英语词根和 50 个词缀，那么他就可以掌握 10 万个以上的英语单词。如能将同一词的所有派生词一起记忆，记忆就会变得轻松。教师要善于利用词根、词干、前缀、后缀、合成、转化等教授新单词，有效扩充学生的英语词汇量。

（6）利用同义词或反义词

利用同义词或反义词来呈现词汇能大大降低学生对所学单词的遗忘率。因此，在日常的"教"与"学"过程中，教师要学会利用同义词或反义同解释新词。比如，用 wonderful 引出同义词 terrific，用 warm 引出其反义词 cool 等。反义词在英语中随处可见，如 clean 与 dirty, wet 与 dry, first 与 last, go 与 come, put on 与 take off 等。英语单词的同义词并非绝对的。例如，在不同的上下文中，nice 的同义词可能是 pleasant、kind、fine，根据这个特点，我们不能孤立地判断是不是同义词，而应把它放在句子中来判断是不是同义词。例如：

The weather is nice today.

The weather is fine today.

这两个句子中，nice 和 fine 就是同义词，可以互相代替。

教师不仅要经常按同义词或反义词来归类，同时要注意同义词和反义词在用法上的不同，如 much 和 many 都表示"多"的意思，little 和 few 都表示"少"的意思，但它们的用法却有着很大的不同。much 和 little 用来修饰不可数名词，而 many 和 few 则用来修饰可数名词，因此不能互换使用。再如，学过 big 以后，当学到 small 时，可以指出 Small means not big，这样，学生就很容易理解 small 的含义了。

可见，利用单词的反义词和同义词呈现词汇也是一种有效的呈现策略，有助于学生理解单词、记忆单词，并掌握单词的运用，此外，还可以有效扩展学生的词汇量。

（7）利用单词的上下义关系

利用单词的上下词义关系呈现单词有助于学生明确单词间的意义关系并学习掌握词义，因此，这也是一种有效的单词呈现策略。例如，在教上义词 vehicle 时，可以指出它的一些下义词：cars、buses、trains and bicycles are vehicles. 这样，学生对词与词之间的关系就比较明确，对 vehicle 一词也能轻松掌握。在日常教学活动中，教师可以经常让学生进行词语归类，如 fruit、vegetable、furniture、clothes、animals、colors 等。

（8）利用词块呈现单词

单独呈现单词不便于学生理解单词，更不便于学生掌握单词的用法。而利用词块对英语单词进行教学，则有助于学生理解单词、掌握单词的用法。

"词块"就是词与词的组合，是一个多词的单位，一般指出现频率较高、形式和意义较固定的大于单词的结构。词块的结构比较固定，可以做公式化的反复操练。利用词块教单词就是将单词与词汇搭配、固定用法及词汇类别结合起来，一起教给学生。词块可大可小，小到一个词，大至一个句子。词块在结构、语义上具有整体性，学生掌握一个词块就可以掌握较多的单词。词块具有较强的语用功能，以词块为单位进行语言学习可以避免由于不符合语境而出现的错误。例如，在教 come across 时，要将它们置于具体的句子中，用其他同义、近义的单词解释，而不可单独解释其中的任何一个词。在 I came across something 中 come across=met with。可见，利用词块呈现单词不仅有助于学生扩大词汇量，而且有助于学生理解单词及其用法，同时还可以激活学生的语言表达能力。因此，教师在词汇课堂教学中要善于利用词块呈现单词。

（9）分析易混淆单词及常见错误

英语中有许多单词不仅词形相近并且词义相近，学生在学习和使用这些单词时容易误解、误用。因此，教师在词汇教学过程中要善于及时发现学生可能误解、疑惑的单词，给予重点呈现和讲解，帮助学生正确理解和使用这些易混淆的单词。例如，对于 form 与 from, advice 与 advise, hard 与 hardly, invent 与 invite, decide 与 divide, choose 与 choice 等常被学生混淆的单词，教师要及时加以对比，并对常见错误进行分析，帮助学生加深对它们差别的认识，避免用错单词、写错单词。再如，divide 与 separate, tell 与 say, speak 与 talk, join 与 take part in 等常用的同义词或词组也非常容易被误解、误用，教师应该及时帮助学生弄清楚它们之间的异同点，以便使学生在实际运用中能正确使用。

以上是一些常见的呈现单词的方法。需要指出的是，教师在实际教学过程中要灵活、综合运用各种不同的词汇呈现方式，并为学生创造各种机会练习、运用单词，从而使学生真正掌握单词。

2. 词汇记忆策略

容易遗忘是英语词汇学习的一大难点。可以说，学习英语单词的过程就是与遗忘做斗争的过程。所以，了解词汇记忆的特点对研究词汇的教学策略有十分重要的意义。有学者经过研究得出下列结论：

（1）分散记忆比集中记忆更有效。比如，将一组单词分做6次记忆，每次10分钟，其记忆效果将比一次学习60分钟更佳。因此，教师在词汇课堂教学中要注意培养学生分次记忆单词的习惯，避免学生形成一次大量记忆的习惯。

（2）学生倾向于一次只将一种形式与一种功能联系起来。换句话说，如果一个单词具有多种功能，教师不要一次同时介绍该词的所有功能。

（3）学生容易将意思或结构相同或相近的单词相混。他们常会为同义词辨析而头痛。

（4）学生在学习中越是活跃，记忆效果就越好。比如参与"全身反应法"的课堂活动有助于提高学生学习和记忆词汇的效果。因此，教师在词汇课堂教学中要善于调节气氛，使学生在一种活跃的课堂气氛中进行学习，以取得更佳的记忆效果。

（5）在记忆过程中投入智力和情感可以加强记忆效果。在单词记忆过程中，听和朗读对单词记忆有所帮助，但是如果速度太快则会流于表层，出现"左耳朵进，右耳朵出"的现象，而且，仅仅依靠听或大声朗读对单词记忆的作用是非常小的。如果学生能运用所学单词，则对语意和用法的记忆将比仅仅通过听、读和翻译要轻松和长久。

（6）学生的需求和兴趣在单词的学习和记忆中起着十分重要的作用。对于自己不需要的、不感兴趣的东西，或者是那些与自己毫不相干的东西，学生学习时会变得被动，难于吸收，所学的单词也难以在记忆中保存。在词汇的记忆中，人们发现若要使新学词汇进入学生的永久记忆，需要学生的主动投入。因此，教师要想方设法激发学生的兴趣，以提高学生的词汇学习效果。

以上是词汇记忆的特点。下面介绍一些常用的英语词汇记忆策略：

（1）兴趣记忆策略

兴趣是影响学生英语学习积极性和英语学习效果的一个重要因素。兴趣能够引导学生积极、主动地投入到学习活动中。例如，有的教师在区别 Mary、merry、May、marry 这四个单词时，设计了这样一个句子：Mary. I'm so merry. May I marry you?（玛丽，我太高兴啦。我可以娶你吗？）通过这个朗朗上口且妙趣横生的句子，学生对于这四个单词的意义不但区分细致，而且还熟记于心。

英语中一词多义的现象非常常见。为了帮助学生记忆、掌握一个单词的不同意义，教师可以精心设计一些例句。例如：

1 saw a saw.

A fly can fly.

An orange is orange.

The football fan of ten fans his fan.

以上句子是 saw、fly、orange，fan 的例句，这些单词在同一句子中意义不同。通过这些例句，学生不仅理解了一个词的不同词性与词义，而且还会觉得兴趣盎然，印象深刻。通过激发学生对单词学习的兴趣，可以使词汇课堂教学产生事半功倍的效果。

（2）最佳时期记忆策略

人们对知识的记忆可以分为瞬时记忆、短时记忆和长时记忆三种。任何知识的学习都始于瞬时记忆，来自感觉和知觉的语言信息必须首先在短时记忆中进行加工才能进入长时记忆，而长时记忆中的信息只有被激活后才能进入短时记忆，也才有可能被提取、利用。短时记忆的容量有限，一般为 7 ± 2 个项目（项目单位可以是字母、数字、单词、音节等）。短时记忆的单位组块的伸缩性较大，教师要帮助学生充分利用上课的时间，记忆更多的单词。教师要善于指导学生利用最佳记忆时期对单词进行记忆，以加强记忆效果。

（3）阅读记忆策略

前面我们提到过，同一个单词在不同的语境中会有不同的意义。因此，教师在教授单词时指导学生结合语境记忆单词，可以有效提高学生对单词的记忆效率。

结合语境记单词的主要开展方式是阅读，学生可根据材料中提供的上下文语境来记忆单词。这样不仅有助于学生准确地理解单词的意义，而且有助于学生掌握单词的运用。在阅读训练中有精读和泛读之分，教师应该有意识地引导学生有目的、有针对性地进行阅读训练，在阅读训练中识记一些新的单词，同时巩固已经学过的词汇。

（4）猜测记忆策略

猜测记忆策略的实施分为五步：①仔细看单词，确定词性，即确定单词是名词、动词，还是其他；②看下文语境，例如含有生词的从句或句子；③研究从句的关系，如原因、结果、比较、例证等；④在以上三个步骤的基础上猜测词意；⑤检查猜测的结果。研究表明，外语学习者在掌握了 2000～3000 个单词以后，就能用已经掌握的阅读技巧来推测新单词的含义。运用猜测记忆策略能够帮助学生成功地学习大批新单词。不过，猜测记忆策略并非学生天生就有的，而是需要依靠大量实践来获得的。

根据从句猜测中心词的意义是常见的方法。在阅读理解中，有的从句是对中心词的解释。因此，当我们不能确定该中心词的意思时，就可以根据从句进行大致的判断，猜测单词的含义。例如：

① A hospital is a place where doctors and nurses work.

② John White is an author who has written two popular novels and some books for children.

③ A satellite is an object which travels in an orbit round another object in space.

（5）拆词记忆策略

拆词记忆策略就是利用前缀、后缀和词根等来理解单词的意义。这种策略需要学生具备一定的构词知识，因此，这项策略尤其适合语言水平较高的学生。总的来说，这项策略的运用需要学生掌握三种技能：首先能将遇到的生词分为几个部分，并通过分析找出后缀和词根；然后学生需要了解各个组成部分的意义；最后要能够理解各部分的意义与生词在词典中意义的联系。

（6）归类记忆策略

分类就是将同类的词汇按其语义、用法、构成、搭配等进行分类组合。分类记忆的方式符合人们的记忆习惯和记忆规律，因而是一种有效的记忆手段。教师可以指导学生将单词进行归类来记忆。常见的归类方法通常有以下几种：

动词短语：get up；log on；run out of.

搭配：widely travelled；rich and famous；set the table.

成语、俗语等：hell for leather；get cold feet；mind your own business.

句子结构：Would you mind if...?I'd...if l were you.

客套语：See you later；Have a nice day；Yours sincerely.

语篇的衔接语：frankly speaking；on the other hand；I take your point.

由于词汇有着不同的主题，因此，教师在对学生进行词汇记忆训练时，可以让学生对同类性质的事物进行归纳、记忆。

（7）联想记忆策略

认知心理研究认为，词汇不是孤立地储存在学生的记忆中的，而是通过联想储存和记忆的。联想是建立在词汇之间联系上的思维方式。建立在词汇间的联想包括纵聚合关系联想和横聚合关系联想。前者是指依据句中词汇的纵向关系所展开的联想，相同结构、相同句法功能的词汇有替换关系。掌握了词汇的纵向关系就能够有效地提升词汇的表现力。替换练习的理论基础就是词汇的纵聚合联想关系。后者是指根据单词共现搭配功能所进行的联想，包括名词与形容词的搭配、动词与介词的搭配等，如 charming/friendly nature，light/heavy traffic，play games/basketball，keep up with，make a price 等。下面我们结合实例介绍三种常用的联想方法：

①根据因果关系进行联想。例如：

If you arrive on time, you'll meet the President. If you delay, he might have for other places.

We missed the train because of the traffic accident.

②根据先后顺序进行联想。例如：

Today is Monday; Tomorrow is Tuesday. The day after tomorrow is Wednesday.

Monday、Tuesday、Wednesday 三个词是具有先后顺序的，因此可以利用三者的先后顺序进行记忆。

③根据事物特征进行联想。例如：

Birds fly in the sky. Fish swim in the sea.

鸟的特点是在天空中飞翔，而鱼的特点是在海中遨游。因此，利用它们的特点可以有效记忆单词。

It's warm in spring. It's hot in summer. It's cool in autumn. It's cold in winter.

此句话将季节与其特点联系起来，可以帮助学生深刻记忆单词。

（8）词汇图记忆策略

词汇图记忆策略就是利用词汇的话题归属、范畴类别、词性等制作词汇图，帮助学生记忆词汇。构成词汇图通常有以下两种方式：

①按题材构成词汇图。这是指把同一话题下经常出现的单词归在一起。

②以某一中心词归类构成词汇图。这是指以某一词为中心，利用联想，尽量结合、归纳并扩展与该中心词有关的单词。

词汇图可以利用话题中词汇的关联性把相关词汇直接联系起来，这样可以帮助学生记忆词义、用法，对于阅读中理解词汇、写作中运用词汇都有直接的帮助，还可以帮助学生在任何场合回忆所要记忆的词汇。

（9）其他记忆策略

以上是一些常见的词汇记忆策略。下面我们再介绍一些其他的词汇记忆策略：

①翻译记单词。即在词汇课堂教学中适当利用母语对新的单词进行翻译，以便学生学习和记忆词汇。例如，依靠母语注释来学习和记忆单词。学生可以运用单词卡片学习单词，在卡片的一面写上目的语，另一面则注上母语，不断相互翻译，增强记忆。

②唱童谣和歌曲记单词。让学生一边唱童谣或歌曲，一边做动作，可以避免死记硬背，从而激发了学生记忆单词的积极性，不仅优化了记忆的过程，而且提高了记忆效果。因为有节奏伴随、朗朗上口、轻松愉悦，内容很容易被储存。例如：

Teddy Bear,Teddy Bear,touch your nose.

Teddy Bear,Teddy Bear,turn around.

Teddy Bear,Teddy Bear,touch your head.

Teddy Bear,Teddy Bear,touch the ground.

③找到词汇变化模式。比如，将fly、wear、lose、come、break、rise、run等词的过去式、过去分词形式归到不同模式中去。例如ABC模式：wear、wore、worn；ABB模式：win、won、won；ABA模式：run、ran、run；AAA模式：split、split、split。

④语料库的利用。利用语料库检索某个单词便于学生观察和归纳词汇的用法，做到举一反三，温故知新，有助于学生复习旧单词，记忆新单词。

词汇记忆是词汇学习的难点。遵循一定的词汇记忆原则可以提高词汇记忆的效率。词汇记忆原则有以下三个：

①听、说、读、写各项技能并用，只有这样才能更高效地记住单词。

②通过词组、句子学习词汇，即词不离句，句不离篇。

③贵在坚持。研究发现，如果仅靠听来记忆单词，3小时后保留70%，3天后只保留10%；若只靠读，3小时后保留72%，3天后保留20%；若听与读相结合，3小时后能保留85%，3天后能保留65%。

如果教师能够根据这些研究成果指导词汇课堂教学，就可以有效提高词汇课堂教学的效果。

3. 词汇应用策略

任何一门语言包含的知识量都非常丰富。就英语而言，其词汇量十分大，学生学习英语单词是一个漫长的持续过程。因此，学生需要在英语学习的过程中不断巩固已经学过的单词。对很多学生而言，巩固词汇要比学习新词难得多。常听学生抱怨学过的单词总是忘记，他们不断地学却不断地忘，这是因为学生对所学的单词缺乏运用。词汇运用是词汇学习中最为重要的部分和环节，如果缺少运用环节，学生即便是暂时记住了单词，由于没有通过运用得以巩固，也将导致学生无法真正掌握词汇。因此，教师应根据所教词汇的特点，结合学生的具体情况设计一些词汇应用的活动。

（1）看图描述

看图描述可以用多种具体方式进行。例如，"说说画画记单词"，即由一个学生根据所给单词，描述其特征但不能读出该词，另一个学生判断并说出该词；"贴标签记单词"，即学生用所学的英语单词给图片中的有关物体贴上标签，完成最快的、正确率最高的视为胜者；"示图记单词"，即学生在拿到不同的图片之后，通过问答，用英语说出各自图中所示不同的物品名称；"说词画图"，即由一个学生手持图片，另外一个学生手持一张空白纸和一支笔，然后，手持图片的学生尽量用所学单词来描述图片内容，要求同伴根据他的描述在空白纸上画出来。也可以由教师选择一些图片，让学生尽量用所学单词加以口头或笔头描述。选择的图片要内容丰富多彩，并具体可观，而不是抽象的。

（2）排列字母组成单词

即让学生在一个词或一串字母中找出尽可能多的单词。这种练习有助于学生准确掌握单词的拼写。例如：

①在 airplane 一词中找出尽可能多的单词。

可以找出的单词如下：ripe、lane、pile、plan、pan、pea。

②在 KNOWESTONEATH ATCHAIRSPORTHISIT 这一串字母中找出尽可能多的单词。

可以找出的单词包括：know、no、now、we、west、to、one、on、eat、a、at、that、hat、chair、hair、air、sport、port、or、this、his、hi、I、is、sit、it。

（3）单词归类复习词汇

教师准备好一些不同类的单词，例如，apple、pear、student、banana 四个单词，请学生将不同类的那个单词找出来。

教师还可以给出学过的一堆单词，要求学生将这些单词分门别类。

（4）利用联想巩固词汇

教师说出一个单词，如 travelling，学生在规定时间内写出和 travelling 相关的所有单词，看谁写得最多。这种联想的方法可以使学生把词汇记忆放于一个大的意义环境之下，而且联想的组合越紧密，越有利于词汇的记忆。另外，这种词汇巩固方法还可以帮助学生熟悉相关话题的词汇，从而有助于学生提高写作能力与交际能力。

（5）利用语义关系练习词汇

利用语义关系练习词汇的方法很多。下面是一些常用的方法：

①用语义场所形成的系统记忆单词。"语义场"是指词汇根据其意义的内在联系形成的一个系统（场）。将词汇根据需要分类形成一个个小系统，有利于整体记忆，扩大词汇量。比如：color、system、animal、food、vegetable、fruit等语义场可帮助学生回忆出尽可能多的词汇。用语义场所形成的系统记忆单词，有利于学生在表达时使用和替换词汇。

②利用同义关系和反义关系巩固单词，即教师向学生提供一组单词，告诉学生其中包含若干组同义词和反义词，然后让学生将这些同义词和反义词分别列出，并根据语义对它们进行讨论。例如：

Large、dead、lazy、fall、conceal、uncover、father、pessimistic、true、dirty、autumn、start、hard-working、big、young、small、lend、down、hide、go、daddy、false、finish、cover、old、clean、buy、come、big、sell、up、borrow、optimistic……

③利用聚合关系和组合关系巩固词汇。red和yellow等词分别与pen形成组合关系。

④利用全体与部分的关系记忆单词。

⑤利用词和概念的上下文关系记忆单词。如animal与bird，fish，insect等词形成上下义关系。

⑥利用构词法如词根、词干、前缀、后缀等复习一大批相关词汇。英语词汇总量虽成千上万，但基本构词成分却是有限的。有的通过加前缀、后缀构成派生词；有的通过单词的组合构成合成词；有的通过读音的变化成为新的词语等。这些构词法对于单词的记忆和学习很有帮助，因此，教师要注重构词法的教学，使学生掌握并扩大词汇量，从而在很大程度上提高词汇课堂教学的效果。

（6）用词造句练习词汇应用

在造句之前，首先要弄清所学单词的意义，研读教材和词典给出的例句，然后通过模仿例句，灵活而有规律地变换部分句子成分。记忆典型例句并辅以造句等实践训练的效果比单纯记忆孤立的单词要好得多。通过造句，学生可以明确单词的词义及用法，这样更有助于记忆单词，并灵活运用所学词汇进行表达交流。因此，造句是记忆、积累和掌握单词非常有效的方法。

（7）配对成词

配对成词就是将词一分为二，让学生将它们配对连接。

（8）接龙游戏

接龙游戏包括字母接龙、句子接龙或扩写句子。在词汇课堂教学中加入适当的游戏活动，可以使学生们在轻松和谐的课堂气氛中练习单词应用。字母接龙游戏就是用短横线表示需要填一个单词，每个单词最后一个字母是下一个要填的单词的首字母。进行字母接龙游戏有助于学生记忆单词的拼写形式。句子接龙游戏可以把所学单词复习一遍。扩写句子既可以练习词汇，又可以练习语法和句型。例如，教师将一个单词，如 dog，写在黑板上，然后按照座位顺序，让第一个学生用这个单词的结尾字母 g 为下一个单词的首字母进行接龙，这样依次接下去，如：dog—good—doll—litter，需要注意的是，在一个接龙游戏中，单词不能重复。这种游戏有益于学生复习单词，培养学生的反应能力。

（9）猜谜记单词游戏

猜字谜有助于增强学生对单词意义的理解。例如：

It grows down.（a beard）

It has legs but it cannot walk.（a table）

Half of it is sand，but people eat it.（a sandwich）

（10）作文练习

作文练习可以帮助学生熟悉、掌握单词的用法。通过让学生写作文，不但可以巩固学生对词汇的记忆，熟悉单词的用法，而且可以锻炼学生的写作能力。教师可以给出一个作文话题及相关单词，要求学生运用这些单词进行写作。这样，学生可以在写作文的过程中熟悉、巩固新学的单词。

总之，词汇应用的方法多种多样。教师要根据学生的年龄特点和知识水平，灵活应用各种方法帮助学生熟悉所学单词的用法，切实提高词汇课堂教学的有效性，从而提高英语教学的效果。

4. 培养学生的词汇学习策略

课堂是英语教学的重要场所，但是课堂的时间毕竟有限。因此，教师在词汇课堂教学中要引导学生在课外学习单词。为了帮助学生在课外自主、独立、有效地进行词汇学习，教师要培养学生的词汇学习策略。下面，我们介绍几种学生应该掌握的词汇学习策略：

（1）根据语境猜词

通过语境猜词就是根据一个词所处的具体的语言环境，运用有关线索，如同义词、反义词、举例、定义等推测该词在该语言环境下的含义，或者运用逻辑推理、生活经验、普通常识等推断该词在此处的词义。例如：

But sometimes, no rain falls for a long long time. Then there is a dry period, or drought.

一方面，从 drought 所在句子的语境我们可以得知，很久不下雨，于是便有一段干旱的时期，即 drought，由此可见 drought 表示"久旱""旱灾"；另一方面，由 or 词我们可以得知，a dry period 和 drought 是同义语，由此得知 drought 一词的含义。在英语语境中，我们通常可以由 is，or，that is，in other words，be called 或破折号等来猜出单词间的同义或释义关系。

学生在阅读过程中难免碰到生词，如果一碰到生词就立刻查词典以弄清词义，将不利于培养学生根据上下文理解词汇词义的能力；而由于学生在猜测词义的过程中要付出认知努力，这样就会形成明显的记忆痕迹进而促进词汇的记忆和保存，因而根据语境猜出来的单词会记得更牢。所以，教师要鼓励并帮助学生培养根据语境猜测词义的意识和能力。

（2）使用词典

对英语学习者来说，词典是必备的英语学习工具，也是非常重要的英语学习工具。因此，学生要学会合理、正确地使用词典，从而养成独立自主地开展英语学习的习惯。

处于不同学习阶段的学生使用的词典的种类应该有所不同。一般而言，英语初学者适宜使用英汉词典，因为它可以借助母语帮助学生迅速获得词义；而有一定基础的英语学习者则可以使用双语词典或英英词典，因为这两种词典能够将词义阐释得更准确，并有助于学生流利地运用语言。但是，教师要注意防止学生养成一旦遇到不懂的单词就查阅词典的习惯，而要鼓励学生在碰到生词时先通过上下文猜测词义，然后查词典求证。当无法猜出词义而影响理解时就要使用词典。有时虽然基本能猜出生词词义，但是为透彻弄清其发音、词义、用法，也要使用词典。

为了使词典发挥最大用处，学生学习使用词典时要注意以下几点：

①学生在使用词典时，首先要浏览该词在词典中的各种含义并判断哪个含义更加适合本文的具体应用环境。

②如果可能或者有必要的话，学生应了解该词的同源、原始含义以及基本含义，这不但有助于学生加深对该词的基本词义和各种引申意义的理解，而且有助于拓宽学生知识面，从语言的侧面接触外国政治、经济、文化、风俗民情、重要事件等。

③学生使用词典时，还可以了解有关该词的其他信息，例如由这个词搭配而成的短语、用法、注释、同义词、反义词等，这些也有助于使学生对该词有一个更全面的感觉和把握。

（3）有效地组织词汇

英语词汇量大，学生在学习单词、记忆单词时，如果缺乏系统性，将会增加记忆单词的难度，更加不利于单词的运用。因此，教师在词汇课堂教学中要引导学生将所学词汇按照某种规律有效地存储起来。比如，学生可以自己准备一本词汇本，按照不同的类别或话题组织词汇以便更有效地记忆单词，而不是把所有单词都记录下来或简单地按照字母顺序记录。

（4）定期复习

实验证明，人类的遗忘是具有规律性的，规律是先快后慢，即刚记住的材料在最初几个小时内遗忘的速度最快；如果及时复现知识，则有助于知识的牢固记忆；而如果4~7天内不复现，记忆将受到抑制，甚至完全消失。

由此可见，及时、定期的复习在词汇学习中起着举足轻重的作用，因为对单词每一次的复习都会促进单词的记忆。学生应该每隔一段时间就进行一次复习，而不是只进行一次长时间的复习。此外，学生要善于利用自己的词汇本和零散的时间，对自己不熟练的单词要随时、间隔地复习，从而保证单词的学习效果。

（5）掌握适合自己的学习方法

学习英语词汇的方法有很多，由于每一个学生都有自己的特点，因此并不是每种方法对每个学生都适用。学生在尝试教师介绍的多种学习方法后，应该结合自己的学习特点找到对自己而言最有效的方法。同时，教师要引导学生不断地寻找、修改自己的学习方法，以找到最适合自己的学习方法。

总之，英语词汇的"教"与"学"都有法可循。教师要引导学生确立正确的学习目标，以及具有不断克服学习困难的信心，并尽可能设置多种教学活动，帮助学生掌握记忆单词的有效方法，更重要的是，要指导学生找到最适合自己的学习策略，使学生养成自主学习的习惯和能力。

第二节　高校英语语法课堂教学

一、语法课堂教学的内容与目标

（一）语法课堂教学的内容

具体来说，语法教学的内容可以分为以下三个方面：

1. 语言形式与结构

语言形式、结构主要包括词法、句法等。其中，词法又可以分为词类和构词法。词类可以进一步分为静态词和动态词：静态词包括名词、形容词、代词、副词、数词、冠词、介词、连词、感叹词等。静态词并不是绝对不变的，比如，名词就有数、格、性等变化，形容词有比较级和最高级的变化；动态词包括动词以及直接与动词相关的时态、语态、助动词、情态动词、不定式、动名词、分词、虚拟语气等。构词法则讨论不同的词缀、词的转化、派生、合成等内容。

句法大致可以分为句子成分、句子分类、标点符号三大部分：句子成分主要包括主语、谓语、宾语、表语、状语、定语、同位语、独立成分等；句子的分类按句子的目的分为陈述句、疑问句、祈使句、感叹句等，按句子的结构分为简单句、复合句和并列句，与句子有关的内容还包括主句、从句、省略句等；标点符号也是句法学习的内容之一。此外还有词组的分类、功能、不规则动词等。

2. 意义与语义

语言的语意包括语法形式与结构的语法意义和内存意义。

3. 语用

所谓语用是指语言在一定的语境、语篇中的表意功能。

可见，语法教学不仅要使学生掌握语言的形式和意义，更要使学生清楚形式的运用，因为语言学习最终是用来交际的，因此语法教学也应当赋予语法以交际意义。

（二）语法课堂教学的目标

英语语法教学的目标大致可分为两个阶段，即初级阶段目标和高级阶段目标。初级阶段目标为"知"，高级阶段目标为"能"。在初级阶段目标和高级阶段目标之间存在一个过渡阶段，就是"练"。

"知"是语法教学目标的初级阶段。所谓"知"，就是要掌握英语语法知识，了解其内容，明白其原理，知道其规则。例如，对英语动词时态中的现在进行时的"知"，主要包括以下几个方面：

1. 语义知识。动词所指动作或事情正在发生。

2. 语形知识。to be+doing（to be=am、is 或 are；doing=going、washing、reading 等）。

3. 语境知识。说话人说话时正在发生的动作或事情等。

学生掌握了这些知识，就可以说达到了掌握这一语法规则点的初级阶段。

"能"是高级阶段的语法教学目标。所谓"能"，就是能够在语言活动中正确运用语法规则，所用语言形态能够准确表达其所要表达的语义，并且符合其相应的语境。"练"是由"知"向"能"过渡的阶段。过渡阶段本身不是目标，而是一个过程，一个实践的过程。在这个过程中，"知"向"能"转化。这一阶段的特征是，学习者对语法规则点的"知"，正在逐步转化为"能"—在有些点上，已经上升为"能"而在另外一些点上，还没有上升为"能"。某些上升为"能"的"知"尚且不稳定，有时表现为"能"，有时表现为"不能"。"能"，作为高级阶段的语法教学目标，也是英语语法学习的终极目标。达到终极目标并不一定要先达到初级阶段目标，也就是说，能够在语言活动中正确运用语法规则，并不一定要先掌握上述语义、语形和语境知识。但是，对学习者来说，学习和掌握英语语法知识，可能是达到这一终极目标的最可靠、最有效的途径。

事实上，就母语而言，大多数人的语法能力能达到高级阶段的目标，却很少有人拥有系统的母语语法知识。这一事实说明，正确地应用语法规则无须具备系统的语法知识。鉴于此，有些学者特别是交际学派学者认为，这种母语语言直觉的获得途径可以在外语学习中加以复制，因此交际学派倾向于取消语法教学，主张通过语言交际活动，自然而然地习得外语语法规则，达到能够正确运用语法规则的终极目标。

然而，交际学派的这种观点在某种程度上失之偏颇。母语语言直觉的获得途径在外语学习中无法复制，但可以重建。曾葡初在《英语教学环境论》一书中曾经提及母语和外语之间的关系。他认为："以两种语言的相同而同之，以相异而异之，使外语语言规律在认知上得到强化。教师在教学过程中要尽量促进正迁移，同时克服负迁移所带来的不利影响，以帮助学习者更快、更有效地学习。"

由此可以看出，英语语法教学其最终目标并不是掌握英语语法知识本身，而是能将英语语法知识转化为在英语实践中的有效运用。

二、语法课堂教学的策略

（一）基于思维过程的策略

归纳学习法与演绎学习法是人类大脑认识事物、开展思维活动的两种不同的方法。就语法学习来说，归纳法和演绎法也是理解和掌握语言规则的不同手段。因此，在语法教学中，也有归纳教学策略和演绎教学策略之分。下面对这两种策略分别进行介绍，并对二者做比较。

1. 归纳教学策略

归纳策略是一种从个别到一般、从部分到整体、从具体到抽象的教学方法。采用归纳法进行语法教学，可以在学生就特定结构的使用进行练习之前，先让他们接触一定数量的含有要学习的语法规则的语言材料及实例，以对所学内容产生初步的印象。同时，学习者在教师的启发引导下，对该语法规则进行观察，并针对其特征进行抽象概括，归纳成规则。在规则已为学生明确之后，再进行大量的练习运用所学语法规则。

归纳教学策略比较符合低年级学生掌握外语方法的心理过程，这时的语法教学主要是通过句型教学来进行的。教师通过实物、动作、情景等手段教新的句型，在学生理解句子结构和意义的基础上，进行大量的句型操练。当学生初步掌握了句型范例后，再由教师来引导学生归纳新的语法规则。这样可以避免单纯抽象的讲解，学生可以通过接触具体生动的语言实例，很容易地找出某些规律，且容易懂、易记、效果好。可以说，归纳法是语法教学中极为有效的教学法。

归纳教学策略倾向于学生发现性的学习活动。归纳教学策略主张，只要为学生提供足够的含有要学习的语法规则的语言材料，学生就能够自动掌握语法规则，教师无须讲解。如果再辅以具体的实物、图片、动作、表情、影像等直观手段，创建一个包含运用语法规则的具体情景，学生就更容易建立语法规则与语言情景之间的直接联系，也就更容易理解语言规则所表达的意义，同时更能激发学习者的求知欲。

2. 演绎教学策略

演绎策略是一种从一般到个别、从整体到部分、从抽象到具体的方法。采用演绎法进行语法教学，教师首先需要简单扼要地向学生介绍和讲解抽象的语法规则，以便于学习者对这些语法规则产生初步的认识。随后教师举例说明，将抽象的规则应用于具体的语言材料，借助范例进一步对这些规则进行说明。最后，按照语法规则套用练习，用大量类似的练习材料，帮助学生独立运用某些语法范畴和概念。如果不先讲清楚，即使有很多实例，也会使人难以理解和运用。演绎策略简便省略，学生可挤出大量时间做练习。

演绎教学策略要求学生具备一定的思考、分析和比较的能力。例如，教师将一个含有助动词的问句写在黑板上，或者引导学习者注意课文所提供的范例，然后详细解释句中所包含的语法规则，包括结构形式和位置变化等。此时教师很有可能用汉语讲解，并与汉语中的类似结构进行对比，或者将新学到的英语语法结构与以前学到的结构加以对比。接下来，学习者根据一些提示信息，尝试运用学到的规则进行语言表达。

可以说，传统的英语语法教学大多采用演绎法，其突出特点就是教师直接对语法点进行讲解，然后举例分析其用法。演绎策略往往以孤立的方式来教语法，并不太注重语言的意义，且所做的练习大多是机械的、替换或变换的套用练习。

教师运用演绎策略进行语法教学，还可以在语法讲解后，要求学习者将所给的语言结构变换为另外一种类似的结构，以帮助学习者更深刻、更全面地了解所学语法知识点。

3. 归纳与演绎策略的比较

（1）与归纳法相比，演绎教学策略有其优点：首先，演绎教学策略非常适合具有强烈学习动机的学生；其次，如果所学的语法规则比较复杂，教师在课堂上采用演绎法就能够节省许多时间。同时，掌握了语法的准确性在很大程度上能够提高学生的自信心。需要特别指出的是，语法的讲解应当简明扼要，并辅以清晰的语言运用实例，不可过多地沉湎于规则的例外情况。

（2）许多人认为归纳教学策略要优于演绎教学策略，原因是归纳法比较符合语言习得的自然顺序，而且也有利于培养学习者积极探索的精神，调动其学习主动性和积极性，形成学习的内在动机。

事实上，在教学实践中，归纳法和演绎法是紧密结合的，既没有纯粹的归纳法，也没有纯粹的演绎法。合理的方法应当是归纳法与演绎法的有机结合。如果只采用归纳法，虽然有利于调动学习者的积极性，但若是方法设计不当，容易出现事倍功半的效果。因此，既不能只采用演绎教学策略，也不能只采用归纳教学策略，而应当将两者结合起来，通常是以一种方法为主兼用另一种方法，而且主要采用哪一种方法，取决于语法教材的性质、教学阶段和学生的外语水平。因为任何教学方法的选择都应根据学习者特点、学习目的、语言点难易程度的不同而不同。例如，如果是侧重培养学习者读写能力的语法教学，则应采用演绎法；如果是侧重培养学习者听说能力的语法教学，则应采用归纳法；而如果所教授的语法点难度较大，则应采用演绎法。

（二）基于语法学习的策略

1. 元认知策略

（1）元认知策略的分类

元认知策略是学习策略中较高层次的行为，它对语言习得产生间接的影响，具体指学习者对语言学习进行规划、监控或评估等。元认知策略用于监督、调节和自我评估语言学习行为。元认知策略可以协调各种学习策略。也就是说，元认知策略可以直接监控各种学习的策略，直接关系到各种学习策略使用的效果，因此元认知策略和英语语法学习有着重要关系。具体来说，元认知策略包括以下三个方面：

①计划策略。计划策略是指学习者根据自己已有的认知知识，对语言学习制订出一个适合自己的计划。计划策略包括设置学习目标、浏览阅读材料、产生待回答的问题以及分析如何完成学习任务。

给学习做计划就好比是教师在考试前针对考试要求对学生做系统的计划性练习。不论是完成作业，还是为了应付测验，学生在每一节课都应当有一个一般的"对策"。成功的学生并不只是听课、做笔记和等待教师布置测查的材料。他们会预测完成作业需要多长时间，在写作前获取相关信息，在考试前复习笔记，在必要时组织学习小组，以及使用其他各种方法对完成学习任务进行计划安排。换句话说，成功的学生应当是一个积极的而不是被动的学习者。

②监控策略。监控策略是指学习者利用监控策略对自己的学习随时进行监控。监控策

略包括阅读时对重要语言点及关键词句加以跟踪、对材料进行自我提问、考试时监视自己的速度和时间。这些监控策略使学习者警觉自己在注意和理解方面可能出现的问题，以便找出来，并加以修改。当为了应考而学习时，你会向自己提出问题，并且会意识到某些章节你并不懂、你的阅读和记笔记方法对这些章节行不通，你需要尝试其他的学习策略。

③评估策略。评估策略是指学生经常性地对自己的学习方法、认知策略进行自我评估，并自我调节所使用的策略。在评估策略中，学生应以准确和完善作为标准对自己的语言学习结果进行检查。

（2）英语语法教学中的元认知策略

由于元认知策略具有执行功能，具有较强的目的性、规划性，能够有助于学生减少学习活动中的盲目性、冲动性和不合理性，所以在学习中占据十分重要的地位。从这一意义上讲，元认知策略就好像一座桥梁，它将内在的、静态的元认知知识同可观察的、动态的语言学习和认知策略连接起来，使得正确的元认知知识对学生的英语语法学习活动起到导向和调节作用。已有研究成果表明，元认知策略培训对学生的语法学习有很大的促进作用，在转变学生的语法学习观念、培养独立思考和自主学习的能力方面也有很大的帮助。

我国外语界对元认知和元认知策略的研究始于20世纪90年代初，可以说起步较晚。例如，万方利用元认知策略对比分析了英语作文中的语法错误，分析证明实验组在运用了元认知策略以后，语法范畴出错的情况显著少于控制组①。陈丽婉对英语师范专业新生语法元认知策略进行了调查，结果显示，高分组与低分组在元认知策略的运用上存在显著差异；学生使用语法元认知策略的总体水平不高；语法元认知策略与语法成绩明确相关②。该调查结果对语法教学有一定的启示作用。

下面，介绍几种元认知策略在语法教学中的应用：

①先行组织者策略。先行组织者是先于学习任务本身呈现的一种引导性材料，它比原学习任务本身有着更高的抽象、概括和包容水平，并且能清晰地与认知结构中原有的观念和新的学习任务关联。例如，学生在语法学习中，在学习较陌生的新的语法知识前，教师有必要引导学生进行预习，提出一些思考内容和具体要求，让学生有的放矢地去预习，这样有利于提高预习和听课效率。

②选择性注意力策略。选择性注意策略是指事先决定将注意力集中在某个学习任务上，而忽略那些不相关的因素的策略。能否正确使用选择性注意策略是衡量一个学生是否会学习的标志之一。在每个学习阶段，学生都需要清楚地知道他们所学过和掌握的知识。

---

① 万方. 提高英语作文语法正确率的途径——基于元认知策略应用的对比调查[J]. 文教资料，2006（21）：143-144.

② 陈丽婉. 对英语师范专业新生语法元认知策略的调查[J]. 莆田学院学报，2007（1）：54.

选择性注意就是要让学生明确"自己所知道的"和"自己所不知道的"。学生只有明确知道了自己所掌握的知识，他们才会运用已知的知识去发展学习新的知识。例如，在语法教学中，当遇到某一语法项目时，教师可以直接让学生记下所学的知识、尚未懂的知识和想要学的内容，这样就可以让学生有选择地学习。对于未曾学过的语法项目，如果教师要求学生做出标记，这就引起了学生对未知语法项目的注意，从而发展了元认知策略中的选择注意策略。

③自我监控策略。自我监控是指活动主体为了达到预定的目标，将自身正在进行的实践活动过程作为对象，不断地对其进行积极、自觉的计划、检查、评价、反馈、控制和调节的过程。

有研究发现，学习能力强的学生，其学习的自我监控水平一般都比较高。例如，在语法教学中，学生应该实行自我监控即在语法项目教授过程后学生通过反思、练习来检查、核实或纠正自己的理解，从而对学习方法进行适当的调整。

④自我评估策略。有效的学习离不开自我反思与评估。自我评估策略是指某一阶段的语法学习结束之后，根据某个标准检测自己的学习结果的策略。它既包括对某个语法点的评估，也包括对几个语法点甚至整个语法体系的评估。学生只有对自身进行准确的评估，才能制定切实可行的计划和目标。此外，自我评估还能帮助学生发现自己在学习过程中的优势和弱点，以便及时改进自己的学习策略，采取适合自己的方法。例如，在语法教学中，教师可以在教授某项语法项目之前做好计划、安排好时间，在学生学习过程中帮助学生分析所出现的问题，引导学生进行正确的评估。在学习任务完成之后教师可以指导学生总结近阶段的学习情况，找出不足之处，并及时调整计划。

2. 认知策略

（1）认知策略的分类

认知策略作为学习策略的一种，最初是由布鲁纳于1956年在著名的人工概念的研究中提出来的。认知策略主要是指学习者为了更有效地识别、理解、保持和提取信息而采取的策略，是学习者运用概念和规则指导自己的注意、学习、记忆和思维的能力。我们经常说的"学会如何学习""学会如何思维"等，都属于认知策略的范畴。

对于认知策略，不同的研究者有不同的理解，因此在不同的研究者看来，认知策略包含的内容也就不同。其中，奥马利和查莫特（1990）的认知策略是在对学习材料进行分析、归纳或转换过程中所运用的策略。具体来说，认知策略包含以下一些内容：

①记忆策略。记忆策略与实践策略相类似，但记忆策略的重点在于记忆和检索过程，而实践策略则重点在于练习。例如，做笔记、用各种联想的方法来学习记忆新的词、句等

语言单位，都属此类策略。

②求解与证实策略。这是指学生用来求解和证实自己对新语言知识的理解正误的策略。该种策略的具体方法是要求对方举例说明某一词或短语的用法，对某一词或短语做解释，或重复某词以证实理解的准确性等。

③推理策略。推理策略是指学生利用已获得的语言或概念和知识去获得对语言形式、语言意义或说话意图的明确假设。例如，通过有关交际过程的知识、说话者和听话人的身份、交际场所、话题、语域等猜测词义；通过关键词、关键结构或上下文等手段对词义进行猜测等。

④演绎推理策略。演绎推理策略与推理策略类似，它是指学生应用语言规则来解决外语学习问题的方法。运用某语法规则来理解外语就是这一策略的体现。

⑤实践策略。实践策略是指学生为帮助记忆和检索语言使用规则进行练习。重复某一句子直到熟练、仔细听讲并认真模仿，这些都属于实践策略的应用。

⑥监控策略。监控策略是指学生发现错误、观察某一信息如何被听话者接受和理解并做出相应反应的策略。纠正自己的语音、词汇、语法和其他方面的错误都属这类策略的表现。

（2）英语语法教学中的认知策略

认知策略认为，在英语语法教学中，应当以学生为中心，学生的内在因素起着决定性的作用。教师的作用在于指导学生的学习过程，引导学生运用科学的认知策略获得学习的满意效果。教师还应该根据学生的不同水平，提供不同的语言材料，让学生通过材料去发现并掌握其应该掌握的语法规则，进而把语法规则应用到语言表达中去。

此外，由于英语的学习缺乏实际的语境，教师讲授语法规则时应参照认知过程为学生创造尽可能多的自然环境。教师除了对语言点进行系统的分析与讲解外，还应该将语法知识融入具体的语篇或话语环境中去，让学生尽可能多地获得实际语料。

下面我们介绍几种认知策略在英语语法教学中的具体运用方法：

①重复。如果学生要掌握语法的构成形式，可以运用重复策略进行练习。例如，学生有时会被要求讲述他的家人或朋友的日常生活习惯，这样学生便有大量的机会运用动词第三人称单数形式。又如，当学生被要求讲述自己的愿望时，他们便会反复用到将来时。这种有意义的重复可以帮助学生对于语法、词汇和短语等的学习，同时在反复运用中学生对所学知识加深了印象，学会了运用技巧。

②记笔记。记笔记就是帮助学生将所学的知识按照意义或共同点等进行分类，并利用缩写、符号、图表、数字等方式进行总结。在做笔记的过程中，学生可以通过他们可以理解的输入来强化语法知识的输出，这样可以帮助他们更好地理解和复习语法知识，使得零

散的知识点变成一个个知识块，从而更全面地学习各项语法知识。

③翻译。语法翻译是以母语为基础理解或输出第二语言，这种方法有助于学生认识两种语言之间的基本特征，形成扎实的语言文字功底，也有助于语感的培养。因此，这种方法在目前的语法教学中使用得较多。例如，教师在讲解 it 做先行主语时，可以让学生翻译两个句子，以加深理解。

我用了一年时间攒钱买了这台新电脑。
It took me a year to save up for this new computer.
坚持每天写日记是一个好习惯。
It is a good habit to write dairy everyday.

又如，为帮助学生巩固 used to 这一结构表示"过去曾经存在的情况或反复发生的事，但现在不再存在或发生"时，教师可以让学生翻译下列句子："鲁比过去一直怕猫。"其英文表达为："Ruby used to be afraid of cats。"通过类似的反复练习可以加深对 used to 用法的理解。

④利用上下文情景。利用上下文情景的目的是为了把孤立的单词放在具体的语境中学习，即根据语境来进行对话。在教学中，学生习惯于被问及具体某个单词的意思，但是被问者会马上反问道："这个词用在什么语境中？"也就是说，语境不同，即使同一个词也会产生不同的意思，语言的理解与交际不是仅靠语法规则来完成的，还必须依赖具体的语境。因此，教师应该充分认识到，学生实际掌握英语的语法知识是学习英语的一个重要方面，而知道如何在谈话中正确、有效地使用这些语法知识又是另外一个重要的方面。这便涉及了语境与语法教学的关系。

⑤利用身体动作。利用身体动作来学习语法知识是试图通过模仿母语学习时的经验来学习。在这种学习环境中学生没有压力，可以重复教师所发出的指令。这种指导策略试图让学生在能够输出正确的语言之前训练他们的听力能力，在这个"沉默阶段"。学生只须注意对输入语言的理解，不必担心输出的语言是否准确。

⑥利用视觉形象。这里的"视觉形象"既可以是真实的图像，也可以是想象中的形象。首先，利用视觉形象这一方法可以帮助学生理解或记忆新信息，同时可以锻炼学生的形象思维能力。其次，利用视觉形象来学习避免了学生学习过程中的翻译，并且能比利用行动学习有更多的讨论机会。

3. 社会 / 情感策略

（1）社会 / 情感策略的分类

社会 / 情感策略是构成学习者认知活动顺利进行的外部环境因素及学习者个体情感因

素，主要指合作性策略，用于人际交往或者对情感的控制，它可以为学习者提供更多接触语言的机会。在社会/情感策略中，问题求解与澄清的策略和合作学习策略是最主要的两种。

①问题求解与澄清策略。问题的求解与澄清也就是提问与解答，学生通过提问可以弄清楚不确定的知识或证实自己的想法，同时可以收获更多的未知信息。问题求解与澄清策略就是指鼓励学生在课堂内外主动提问，大胆发言，同学间相互指教，交流学习。

提问是最基本的社交策略之一。一般来说，提问有两个目的：一是对不理解的内容进行澄清；二是确定信息是否正确。然而，在我国的语法教学活动中，大部分学生在语法课堂上不愿主动提出问题，不敢问问题，甚至不懂装懂，这样就错失了许多巩固知识、更新知识的机会。

针对这种情况，在语法教学中，教师不但要鼓励学生大胆提问题，还应注意提问的方式和技巧的转换。对于不同水平的学生，可相应地提出难度适当的问题，这样有利于让学生更积极地参与教学，产生成就感，树立自信，勇于提问和澄清问题。

②合作学习策略。合作学习策略兴起于20世纪70年代初期的美国，并在70年代至80年代中期取得了实质性进展。合作学习策略是一种富有创意并具实效的教学理论与策略，它有助于改善课堂内的社会心理气氛，促进学生形成良好的非认知品质，同时可大幅度提高学生的学业成绩。因此，合作学习策略很快便引起了世界各国的关注，并成为当代主流教学理论与策略之一。

合作学习是指学生在小组或团队中为了完成共同的任务，有明确的责任分工的互助性学习。协作学习策略不强调竞争，相反，它强调体现团队精神的合作，通过人与人之间的团结互助，相互信任，共同为一个目标而努力。合作学习包括以下几个方面的基本要素：

A. 相互依赖。主要指正相互依赖，即所有组员之间能够互相鼓励、互相帮助，只有这样学生才能共同进步。教师可以通过共同目标、共同奖励、分享材料、分配任务等方式来实现互利互助。

B. 个体责任感。责任感是指每个学生必须独立担当并完成一定的角色和任务以表明他已经掌握知识重点。教师可以通过进行个人测试或随机抽查来增强学生个体责任感。

C. 小组交流。小组交流是指组员之间进行直接的、面对面的交流，并积极参与讨论，以求更快、更好地解决问题。

D. 交流技巧。在合作学习的基本要素中，社交技巧的培养以及小组进程的掌握也是一个重要方面。在学习过程中，学生只有不断且定期对学习进程进行有效评估，才能确保学习的成功。

（2）英语语法教学中的社会/情感策略

在英语语法的教学过程中，学生在学习过程中会有意或无意地使用语言学习策略。我国有关学者曾经对大学英语师生听力策略研究进行调查。结果显示，学生对元认知策略、认知策略、社会/情感策略这三种策略的使用频率从高到低依次是认知策略、元认知策略、社会/情感策略。可见，学生在学习过程中最容易忽略的是社会/情感策略的运用，然而，在英语作为外语的环境中，社会/情感策略起着极其重要的作用。因此，英语教师应当有意识地将社会/情感策略融入语法教学过程中，目的是为了帮助学生认识社会/情感策略的作用，帮助他们提高语言表达能力，刺激他们的学习动力，达到更好的教学效果。

众所周知，语法是一个系统而复杂的体系。而对于学生来说，语法的学习必然涉及自我情感的控制以及与他人的关系，其成功在很大程度上取决于怎样处理这些因素。由于语言学习和情感态度之间存在密切的联系，而积极的情感有助于学生积极参加学习活动，并获得更多的语言学习机会，因此，帮助学生驾驭自己的情感因素，培养积极的情感状态，克服消极的情感成分，就显得格外重要。对教师来说，具体可以从以下几个方面进行：

①向学生灌输有关社会/情感策略的特点、效率及使用等方面的知识。对于教师来说，在每一种策略的使用前必须给学习者提供详尽的解释，以帮助学习者清楚地意识到怎样在具体的语境中运用该策略。

首先，英语教师应向学生传授社会/情感策略的相关知识，因为只有先了解了这种策略的运用方法，才能使学生更好地控制情绪，消除不安，减轻焦虑感。具体来说，教师可在语法课堂上指导学生通过静思、深呼吸和自我鼓励等来克服焦虑，完成学习任务；针对学生的长期焦虑心理，教师应通过指导他们完成易实现的短期语法目标、合理安排课外语法任务等方法，并定期记录情绪变化，采取积极措施梳理情绪和自我鼓励等来缓解压力、克服困难、增强信心，从而在语法学习上取得进步。

其次，教师应通过社会/情感策略帮助学生加强协作学习能力。通过社会策略的使用，将有助于提高学习者的自信心和学习兴趣，在互相鼓励、互相合作中获得学习动力，取得更快的进步。

最后，教师通过社会/情感策略提高学生的交际能力。运用社会/情感策略可以让学生在交流中得到更多的练习机会并及时地获得关于错误信息的反馈，避免在语法课堂中单一练习某一语言使用的缺点，可全方位地练习使用所学语法项目。

②培养并提高运用社会/情感策略的意识。要想培养学生对社会/情感策略运用的意识，首先需要对学生的语法学习策略进行评价。教师在进行策略评价之前，要让学生意识到他们目前所使用的策略。在这个阶段，教师需要特别注意学生是否有运用社会/情感策略的意识，或是否明白怎样灵活地运用社会/情感策略。教师可以根据学生的策略的使用

水平，利用社会/情感策略设计情境，给学生提供实际的训练并因此而强化社会/情感策略的运用，调动学生的学习积极性，提高学生的学习动机及自主学习的能力。

在这一过程中，教师可以先通过让学生列出他们平时经常使用的语法学习策略来了解学生们使用策略的情况，然后给出一些指导性的建议，帮助他们提高使用策略的意识，进而促使学生能够进行独立的、自我指导性的学习。

③要求学生之间进行合作。为使学生实地操练社会/情感策略，教师可以要求学生之间进行合作。通过师生之间以及学生之间的互动式交际方法，完成有趣的、有意义的学习内容，使学生既学习了知识又提高了运用知识的能力。在这里，合作是相互认同、相互接纳，是为了实现共同的目标而共同努力。学生在英语学习中乐于合作，善于运用积极相互依赖策略。学生可以分成几个小组，每个小组的成员可以互相交换不同的意见，分享不同的学习经验，完成一定的任务。

在语法教学中，通过小组、组际、师生间的合作讨论，共同解决新的问题、掌握新知识。这样，既可以扩大学生之间、师生之间的交流，提供学生间互助互学的机会；又可以帮助学生在积极的相互依赖中，善于发现别人的长处，善于进行角色的转换，能够站在别人的立场上看待问题，用欣赏的眼光看待别人的见解和任务的完成。同时，在合作中，学生能勇于承担小组中的个体任务，能相信自己的能力，敢于创新，敢于个性化地表达自己的观点，实现自己的价值。这样一来，在合作过程中，既能通过互相学习取长补短，又能体现自我价值。

第五章　高校英语阅读与写作课堂教学

第一节　高校英语阅读课堂教学

一、读的心理机制

读的心理机制主要包含三个内容：由文字到语音再到意义，由声读到直接理解，视觉信息和非视觉信息联合起作用。

（一）由文字到语音再到意义

在阅读能力发展的初期，读的活动通常都是眼睛到文字符号，大脑产生视觉形象，同时引起相应的高级神经发音动觉中枢的活动，发音器官发出相应的语言，并伴随有听觉活动，这时文字意义或信息才被理解或接受。英语是拼音文字，形音联系更加直接，所以学生在读英语时，由文字到语音，再到意义的分段活动是很明显的。可能是单词（字母一般是无语义的，如果阅读是一个字母一个字母地读，那就称不上是意义阅读），也可能是同组或短句。单位长，则读速快。因此，要想培养学生句单位阅读技能，可加强口语教学，通过口头问答和对话等句单位的言语练习来强化学生的句单位反应的意识和习惯。

（二）由声读到直接理解

声读包括三种形式，一是出声的读；二是不出声，但唇、舌、齿、喉头，声带活动的读；三是发音器官虽没活动，但内心在读。这几种声读形式虽然程度不同，但都未摆脱声音对阅读速度的影响，因此都属于声读范围。声读的最明显形式是朗读。在英语学习的初级阶段，朗读是一种积极、有意义的学习形式和能力，它能帮助理解，加深对所读材料的印象，巩固记忆，并使读与听、说联系起来，全面促进英语技能和技巧的发展。但是朗读却不利于默读能力的培养。

阅读心理学揭示：要读懂文字意思，根本用不着说出或听到（包括内听）每个词。看到文字就直接理解意义是完全可能的，因此在阅读中没有必要一定把书面语解码为口语。因此，语音、声读、口语与有效的阅读并没有必然的联系。恰恰相反，阅读速度慢则往往表明学生采用了某种形式的声读。

高效的阅读不仅可以跳过由文字到声音这一步来达到理解，还可以跳过一定的文字符号来实现理解。实验表明，高效阅读者只须看到 1/5 的文字符号就能理解，所以能够使阅读速度大大超过口语速度。

（三）视觉信息和非视觉信息联合起作用

不可否认，视觉信息在阅读理解的过程中起着重要的作用。此外，对阅读理解起着重要作用的还有非视觉信息。所谓视觉信息是指眼睛感知文字符号而获得的信息，而非视觉信息则是在阅读过程中起潜在作用的，由大脑所提供的信息。阅读心理学把非视觉信息形象地称之为"眼球后面的东西"，实际上包括阅读者全部知识结构的总和，即对所学语言国家的社会和文化背景知识的掌握、对所读材料内容的熟悉，个人的生活经验、生活常识，逻辑知识和语言知识修养等各个方面。人在看到文字符号时之所以能够理解其所蕴含的意义，是视觉信息与非视觉信息融会贯通的结果，或者说是已储存的信息帮助大脑对正接受的信息加工的结果。

非视觉信息参与的度和量与阅读的理解率和阅读的速度成正比。在阅读理解过程中，非视觉信息越丰富，阅读单位就越大，难度就越低。这就是说，眼球后面的非视觉信息越多，辨识某个字母或某个词，某个句子，某段文章所需要的视觉信息就越少。在非视觉信息中最重要的是文化背景知识。阅读多，知识多，阅读就快。

阅读中非视觉信息的重要性否定了阅读只是同文字符号打交道，借助视觉进行活动的观点。它强调在阅读教学中要把大脑训练摆在眼睛训练之上，培养从意义上驾驭文字，从理解上驾驭视觉的高效率阅读技能。提示我们在阅读教学中要辩证地处理语言形式与意义内容的关系，既有由形式到内容，由分析到综合的训练，又有由内容到形式，由综合到分析的训练。同时，一方面通过非视觉信息的增加推动阅读能力的提高，另一方面通过阅读活动的开展促进非视觉信息的丰富。

二、阅读课堂教学的内容与目标

（一）阅读课堂教学的内容

英语阅读课堂教学内容包含培养学生的各种阅读技能，具体包含以下方面：

1. 辨认单词。
2. 猜测陌生词语。
3. 理解句与句之间的关系。

4. 理解句子及言语的交际意义。

5. 辨认语篇指示词语。

6. 通过衔接同理解文字各部分之间的意义关系。

7. 从支撑细节中理解主题。

8. 将信息图表化。

9. 确定文章语篇的主要观点及主要信息。

10. 总结文章的主要信息。

11. 培养基本的推理技巧。

12. 培养跳读技巧。

（二）阅读课堂教学的目标

教育部制定的《英语课程标准》对阅读教学提出了具体的要求，具体如下：

1. 能认读所学词语。

2. 能读出简单的单词。

3. 能看图识字。

4. 能读懂教材中简短的要求和指令。

5. 能读懂简单的个人信件。

6. 能看懂贺卡等所表达的简单信息。

7. 能正确朗读所学故事或短文。

8. 能理解并解释图表提供的信息。

9. 能理解段落中各句子之间的逻辑关系。

10. 能理解阅读材料中不同的观点和态度。

11. 能理解文章主旨、作者意图。

12. 能根据上下文和构词法推断、理解生词的含义。

13. 能根据上下文线索推理、预测故事情节的发展。

14. 能读懂常见体裁的阅读材料。

15. 能正确地、流畅地朗读课文。

16. 能通过分析句子结构理解难句和长句。

17. 能利用上下文和句子结构猜测词义。

18. 能从文章中获取主要信息并能摘录要点。

19. 能在教师的帮助下欣赏浅显的文学作品。

20. 能识别不同文体的特征。

除教材外，课外阅读量应累计达到 36 万回以上等。

三、阅读课堂教学的模式

国外对阅读理论的研究大致经历了重视语言因素到重视超语言因素再到二者并重的过程，这一发展过程中共出现了三种阅读模式：自下而上的模式、自上而下的模式和交互作用的模式。下面我们分别进行介绍。

（一）自下而上的模式

自下而上模式起源于 19 世纪中期，是一种传统的阅读理解理论，亦称为文本驱动的阅读模式。该模式认为阅读是从字词的解码开始直到获得文本的意义，即阅读是一个从对字母和单词的理解，再到对短语、句子的理解，最后到对段落和篇章的理解，直至把握作者意图，理解全文的过程。同时，该模式认为，阅读的困难主要出现在文字层面上，只要读者掌握相当的词汇，具备迅速的解码能力即能达到流畅理解的程度。这一模式解释了信息加工中的线性模式对阅读研究的影响，但没能说明阅读过程中各种信息之间的相互作用，只是停留在字、词、句这样的线性理解层面上，却忽略了读者可能会从语篇以外的地方去提取有关信息并对它进行加工的情况，因此这一模式也存在一定的局限性。

（二）自上而下的模式

自上而下的阅读模式，亦称为网式驱动的阅读模式。这种模式是在 20 世纪 60 年代后期，在认知心理学的影响下而发展起来的阅读理论。该模式以概念知识和背景知识为先导，强调读者以先前的知识和经验作用于阅读文本，整个阅读过程包括猜测、预测、验证预测、修正预测和调整预测，被认为是读者与文本，或者说是读者与作者交互对话的过程。根据这种"自上而下"的观点，背景知识比词汇问题更重要。经历不同，对文章的理解也会不同，因此阅读之前背景知识的激发可以促进对文章的理解。

（三）交互作用模式

阅读是同时运用各个层次的信息加工来重构信息的过程，即不仅是一个运用背景知识而且也是运用语言知识、辨别语言形式的双向过程。"自下而上"的模式和"自上而下"的模式都把阅读过程视为一种单向传递信息的过程。而该模式是以上两种模式的结合。交互作用模式不仅没有忽略单词和短语的解码能力、迅速捕捉关键信息以理解阅读材料的重要性，而且还强调了背景知识、上下文预测的重要性。该模式是一种较为科学的模式，因此深受人们的喜爱。

四、阅读课堂教学的主要策略

（一）阅读前策略

进行阅读前的活动十分重要，因为阅读前活动可以使学生在尽可能短的时间内了解与所要阅读材料相关的信息；激活有关话题的背景知识；使学生尽快进入文章角色；调动学生的积极主动性，为进一步的阅读做好准备，打下基础。下面我们介绍以下几种阅读前活动：

1. 清除障碍

上述我们提到，词汇是影响学生阅读能力提高最主要的因素，因此教师应在阅读教学的过程中通过对话、故事、图片等形式给学生灌输词汇，扫除词汇障碍，从而更好地帮助学生阅读。教师可以在课前给学识布置一些预习的任务，这样不仅能培养学生学习的积极性，还能帮助学生明确预习目标，做到有的放矢，并能为课堂教学的顺利进行做好心理和知识的准备。这种有针对性的预习不但能加快课堂的节奏，增大课堂的容量，而且也加快了学生理解的速度、增强了理解的深度。

2. 逐步扩展，以旧引新

一篇文章中无数的词构成，这些单词再通过语法结构构成句子。在教学过程中，有时候一个语法会出现在几个单元当中，所以教师就要注意这个特点，并在教授的时候不断地提及这类语法，以增强学生的记忆。在英语学习过程中，语法的难度是呈递进的趋势的，所以在学习新的语法点时，教师要结合旧的语法知识，通过对旧知识的复习，引出新的语法点，从而使学生学到新的知识，并巩固旧的知识。

3. 了解背景知识

每一门语言都承载着一种文化，学好一门外语，不单单是背其中的单词，还要学习和了解他们的文化。所以，教师在阅读教学前，有必要为学生介绍一些与文章有关的社会文化背景知识，这样不仅能使学生更好地了解阅读的内容，还能激发学生的阅读兴趣，提高学生学习的主动性。背景知识通常指在阅读某材料之前的知识，既包括普通常识，也包括读者日积月累的经验和知识，具体内容有以下几个方面：

（1）历史文化、习语与典故

深入了解历史文化、习语及典故等方面的背景知识，可有助于视野的拓展和对文章理解得更深。例如，20 世纪 60 年代以前，在美国 Black 一词一直是对遭受种族歧视和压迫的黑人的称呼，甚至称黑人为 Black Slave。但随着黑人争取民族解放、自由、民主、平等运动的兴起，就开始用 Negro 替代 Black 来称呼黑人。当黑人解放运动逐步取得胜利后，黑人因 Black 而自豪。

（2）宗教文化

英语中涉及的宗教词汇数目十分庞大，并且常出现在不同的场合。在英国，基督教为主要的宗教，英语中有大量与之有关的词语，所以在阅读时应加以注意。如短语 break the fast，当学生第一次接触这个词组时可能无法理解 fast 的含义，其实 fast 在这里指的是基督教徒的斋戒和禁食（期），也就是我们所说的 breakfast。

（3）日常风俗习惯

以见面打招呼为例，在英国，人们见面多谈论与天气有关的话题，如："Lovely weather, isn't it?"而在中国，熟人见面多问："你吃了吗？"

4. 预测情节

如果能很好地预测情节，将对阅读的顺利完成起到很大的帮助。因此，教师在课前可以让学生根据题目或一些关键词，大胆地想象，预测故事的情节。这种方法不仅可以激发学生的好奇心，引发学生的阅读积极性，巩固学生对已有知识的掌握，还能培养学生的逻辑推理能力，为学生准确把握文章的主旨起到很好的作用。通常，题目是一篇文章中心的体现，所以教师可以根据课文的题目引导学生去预测课文的内容，预测的内容正确与否，对理解文章会有影响。此外，教师可以引导学生根据文章的关键字对课文内容进行预测，让学生充分发挥自己的想象力，然后通过阅读课文来验证自己的预测。

（二）阅读中策略

1. 略读

略读并不要求逐句地阅读，只须选读每段的首、尾句，有时只要指出段落的主题句，抓住阐述主题的主要事实或细节即可。在采用这种策略进行阅读时，学生可有意识地略过一些同语、句子，甚至段落，对于一些细节或例子无须关注。

略读是需要技巧的，其具体技巧如下：

（1）着重阅读文章的首位段以及段落中的段首和段尾

文章是由段落组成的，段落是由句子构成的，然而并不是东拼西凑的，而是有一定的章法。往往许多文章的第一段是对全文主要内存的概述，而最后一段做结论。段落的首句也往往是主题句，而末句常常是结论句。

（2）对文章的题目、小标题、黑体字、斜体字以及画线部分加以注意因为文章的题目常常是文章内容的宗旨，所以利用标题常能帮助我们预测文章的主旨大意。而小标题是各部分内容的概括和浓缩，黑体字、斜体字和画线部分则是提醒学生这一部分是很重要的信息。

（3）留意关键词语

关键词对于文章的理解有很好的帮助。关键词可以反映在特定的场景下谈论什么话题，而且大多同文章的主题有关，利用关键词可以推测文章的主题。

（4）重视关联词语

表示顺序、递进、转折、原因、结果等逻辑关系的关联词语对于预测上下文的关系至关重要，学生能据此判断作者的思路和观点。

通过阅读文章的首段和末段，便可了解文章的主旨大意，即人们在交流时除了使用口头语言外，还使用体态语；同时，在与外国人交流时，还应注意各国人的体态语的不同。

通过阅读每一段的主题句，我们便可以了解文章的主旨大意了，并为每一段的主题句构成了文章的脉络，脉络清晰明了，中心也就清楚可见了。

2. 寻读

寻读又称扫描或查阅，就是在文章中寻找某个特定的信息。在寻读之前要明确查找对象及其特征，并输入大脑，以便在眼睛扫描时及时发现要查找的对象。这种寻找文章中的特定信息或特定词组的方法，能有效提高阅读的速度和效率。

3. 跳读

阅读的方式要根据阅读的目的而定。有时候只需要查找我们所需要的信息，这时就没有必要逐字逐句、从头到尾通读下去，此时就可以采用跳读的方式。跳读的目的在于根据问题去寻找答案，准确定位详细而又明确的信息，尤其是在时间紧迫，不能进行通篇阅读，而对选择题中的几个选项又无法判定时。采用该阅读方式时，通常要进行以下步骤：

（1）要弄清楚问题，并对四个选择中的内容有一个大致的了解，然后确定所需要的信息及这种信息的出现形式。

（2）了解问题之后，再回到原文，根据问题中所提供的线索寻找相关的信息。

（3）找到所需的信息之后，认真阅读上下文，并对其进行加工处理。对于问题中要求的选出时间、地点、人物、做事的方式、事情的起因、结局，可以边读边画下来做记录，以便于查找。

（4）对于一些无关紧要的信息，就可以省略不读。

（5）最后再回到问题当中，对问题当中的四个选项进行比较，然后确定一个最确切的选项。跳读不仅可以快速地进行语言信息的比较、筛选，还能提高解决问题、信息处理和语言的评价能力,最终达到高效准确的实用效果。因此,无论是平时训练时还是临考时,教师都应该注意对学生这方面的培养,提高学生跳读的能力。

4. 寻找主题句

理解文章的关键是确定文章的主题思想,而要想确定主题思想,首先要确定主题句。主题句一般具有意思表述较概括、句子结构较简单、段落中的其他句子都用来解释和支持主题句所表述的中心思想的特点,其位置十分灵活,但通常位于文章开头和结尾,有时也会出现在文章中间,甚至还会出现没有主题句的现象,此时的主题句暗含在了整篇文章当中。

(1)主题句在段首

通常作者在写文章时,首先会引出一个话题,然后再对这一话题进行详细的阐述,因此主题句位于段首的可能性最大。主题句在段首,开门见山,一目了然,也最容易被读者把握。

(2)主题句在段尾

有时文章的主题句位于段尾,此时的主题句通常是对上文的总结,或是对上文的描述提出的建议。主题句在段尾,往往有信号词伴随,但这并不表明所有出现在段末的主题句都有信号词作为标记,分辨这种结构模式并不难。

(3)主题句同时在段首和段尾

有时主题句会同时出现在段首和段尾。主题句在段首和段尾同时出现,即文章主旨在段首和段尾同时概括出来,但是在内容上后者并不只是对前者简单的重复,而是对前者的引申。同时,两者在用词和句型结构方面会不同。

(4)主题句在段中

有时主题句不在文章的段首或段尾,而是存在于段中。这样的文章中,主题句之前的段落往往是为主题句的出现做铺垫的,以引出要论述的主题。而主题句之后的段落则是为进一步详细阐述主题思想做准备的,以进一步叙事细节,引申主题。

(5)主题句暗含于段落之间

并非所有的段落都有主题句,在有些文章中,尤其是多段文章中,无论是段首、段中还是段尾,都找不到明确的主题句。这些文章中的主题句都融入了段落之中,因此要想概括文章的主旨大意就要捕捉文章的细节,在头脑中形成整体印象。

5. 推理判断

很多时候所需信息并不能从文章字面意思上看出来,此时就需要进行推理判断。推理判断要求学生以理解全文为基础,以各个信息为出发点,对文章逐层进行分析,最后准确地推断总结出文章的中心思想。推理分为两种，一种是直接推理，一种是间接推理。下面就对这两种推理判断进行具体的介绍。

（1）直接推理

直接推理判断要求学生大致了解文章的意思，并根据所提供的信息合理地推断文章的结论。题目中通常含有 Infer、imply、suggest 和 conclude 等词，一看便知是推理题。但要注意，推断也要忠于原文，如果和文章没有出处，那么尽管听起来很有道理的判断也是没有意义的。

（2）间接推理判断

不同于直接推理判断，间接推理判断是一种较为复杂的、含蓄的推理方式。这种推理方式通常要求学生挖掘；文章的深层内涵去推测和揣摩作者的态度以及文章的主题等。这种题型通常不含 infer、conclude 等明显表示推理的词，而是需要仔细观察、判断。

①推断作者的写作目的。作者在写每一篇文章时都会带有不同的目的。例如，说明文是通过客观地介绍某种事物、方法和观点等，目的是使读者有所"知"；而议论文则是通过主观上的议论，目的是说服读者使其有所"信"。准确地推断出作者的写作目的，对于理解文章、掌握文章的主旨大意有重要的意义。

②推断作者的态度。在写作过程中，作者不可避免地会流露出对人或事物的观点和态度。如果能准确把握作者的态度和观点，将会对文章的整体以及深层含义的理解有重要的意义。但要注意的是，推断文章的中心思想时要遵照作者的意愿，切勿掺杂自己主观的想法或观点，要特别注意那些描写环境气氛的语言，以及表达感情、态度、观点的词语，同时还要依据背景知识来进行推断。

③推断文章的来源。有些阅读理解要求学生推断文章的来源，即推断文章采用何种体裁，出自何处，如新闻、传记、演讲、广告、科技论文、通知书、请假条等。推断文章的来源要求学生具备一定的文体知识。

6. 推算数字

推算数字要求学生能够准确捕捉文中的数字信息，并以科学的原理为依据，掌握文章的大致含义，还需要运用一定的公式来进行运算。

7. 信息转换

信息转换的主要目的是采用表格、图画、加小标题、流程图、条形统计图、地图、树形图等转换方式，将文中的形式信息转化为可见信息，从而加深印象，将信息长时间留在记忆中，这对学生理解文章十分有帮助。

8.猜测词义

陌生的单词和短语是每个人在阅读中都会遇到的，如果这些对文章的理解没有太大阻碍，那么就可以将这些生词忽略掉。但在很多情况下，这些生词对于文章的理解起着至关重要的作用，如果不弄明白这些生词，阅读的进行就会受阻。此时就要结合上下文以及线索词来判断闭的含义。这里我们具体介绍以下几种情况：

（1）利用定义线索词

定义线索词往往提供一个概念的或抽象的词。如 is、means、to say、that is、or 等，有时甚至是破折号"——"和括号"（）"。

（2）利用同义词线索词

同义词线索词提供的是与生词相同的意思，有助于我们确定生词的含义。

（3）利用反义词线索词

与同义词线索词不同，反义词线索词提供的是与生词相反的意思。

（4）比较与对比线索词

有时作者会在文章中提出两个主题（如人物、地点、情况或想法等），并对这两个主题进行比较和对比，以说明他们之间的相同之处和不同之处。这样的比较和对比有助于读者在更广的范围内理解作者的想法。

（5）利用重复线索词

有时作者会采用不同的同来表达相同的想法，以向读者强调和明确某一想法。

（6）利用预测性线索词

我们知道，利用词语的共性和上下文逻辑关系可以理解文本的含义。其实，通过理解上下文，也可以预测下文共生性词语的含义。

（7）利用篇章或段落的上下关系

在理解篇章大意的基础上，通过上下文的关系，很可能会预测出生词的意思。

9.运用标志词判断上下文逻辑关系

标志词是指导读者朝正确的思路迸发的标志性词语，它就像指标、指示牌一样，对阅读的顺利进行有着重要的意义。在教学过程中，教师应为学生介绍一些标志词，以使学生顺利完成阅读。

（三）阅读后策略

阅读后阶段也是教学中的一个重要环节，它是对所学知识进行巩固和运用的阶段，目的是练习、巩固和拓展学生在阅读过程中所学的语言知识，并为其培养和提高说和写的能力做好基础。在这一阶段的教学中，教师应设计一些与课文内容相关的活动，充分发挥学生的想象力和创造力。具体活动包括复述、转述、填空、写作等。

1. 复述

复述是一种具有挑战性的口语练习，其前提是学生对阅读材料已经有了一个大致的了解，并消除了生词障碍。在这一过程中，教师可以让学生根据图片和关键词来复述阅读材料的大致内容。

2. 转述

转述针对的是对话性语篇，因此教师可以让学生用第三人称转述所学的内容，引导学生将对话转述为描述性的语篇。

3. 填空

填空就是教师写出文章的概要，为学生留出一些空白让学生填写。在填写时，教师可鼓励学生尽可能地使用不同的词和短语，而不局限于原文的词或短语。

4. 写作

在这里写作指的是对阅读材料的仿写和续写。根据课文内容，教师可以让学生写出文章的摘要。如果课文是叙述性的文章，教师可以安排学生续写文章，以扩大学生的想象力，培养学生的发散思维。

在具体的阅读教学过程中，上述阅读教学方法和策略不可能全都会用到，但是针对不同的阅读材料，适时地选用其中一两个，可有效激发学生的阅读兴趣，提高学生的阅读技能，达到阅读教学的目标。

第二节　高校英语写作课堂教学

一、写的心理机制

（一）构思

英语写作的第一个环节就是构思，其在写作中占据核心地位。构思，即计划，是作者在正式作文之前所做的准备工作。从写作的心理来看，写作构思是指作者根据特定的题目要求，在头脑中确定所要表达的信息，并从长时记忆系统中提取有关信息，然后组合成为文章的内容结构和形式结构的过程。而从写作过程来看，心理学家的研究表明，构思对于写作的意义非同寻常。事实证明，学生英语写作的构思能力是随着心智成熟而逐步发展的。

掌握英语写作构思的方法，对于英语写作具有非常重要的意义。构思既是一种方法，又是一种思想和能力。因此，如何构思便成了英语写作能力生成与发展的重要组成部分。丰富和选择写作素材是构思的重要一环，构思时进行的一项最基础工作就是产生观念。观念来自作者积累下来并在头脑里存储的各种与文章主题相关的信息，在中国古代文中叫作事理和事物。写作素材的产生并不是一蹴而就的，而是需要历经时间和心力不断提炼出来的。同样，关于如何选材的探索也是很重要的。材料的选择或取舍既表明作者的一定价值取向，同时也是表现作者写作才情的重要标志。

在进行构思的同时，学生还应该考虑如何谋篇布局。学生除了要从长时记忆中提取与文章的主题相关的观念以外，还要对观念进行有效的组织。组织观念的过程也是谋篇布局的过程，作者在主题思想的引导下考虑观念材料的轻重缓急、主次详略和先后顺序，策划文章的开头和结尾，谋划文章前后的衔接和照应，在动手作文之前，在头脑中形成一个逻辑严密、结构谨严的文章整体轮廓。

一般来讲，开头和结尾是一篇文章的重要构成要素。成熟的作者往往对文章的开头和结尾有详细的思考和体会。另外，写作技巧的运用是英语写作的基本条件，但技巧的使用必须服从文章的整体布局，要把技巧置于文章整体的统筹之中。

（二）转换

转换或称为转译涉及作者如何把写作任务的心理表征转化成文章的文字符号。也就是说，写作过程是作者把思维活动转变为语言表达的心理过程，在这一心理过程中不仅包含着思维和表达两大因素，也包含着转换因素或称转译因素。事实上，写作过程中从观念到文本都涵盖着不同水平的转换或转译。写作转换心理理论强调，写作过程从思维到书面语言存在三级转换。第一级转换是从思维到内部言语的转换；第二级是从内部言语到外部言语的转换；第三级是从外部言语中提炼书面语言，即文本作品。写作过程在某种意义上就是作者解决"说什么"和"如何去说"的问题。如果这种说法正确的话，那么我们可以认为构思阶段主要解决"说什么"的问题，转换阶段则主要解决"如何去说"的问题。

英语写作转换过程的基本形式就是起草。起草或起稿是将构思转化为文本的必然途径。起草就是根据作者在构思阶段在头脑所形成的心理提纲着手进行的文章初稿写作。在这一阶段，作者的首要任务是建立文章的框架结构，以便与先前的设想吻合。文章初稿的写作要求学生行文时更多地考虑文章的内容，同时也要兼顾遣词造句、语法标点、修辞手法等；要努力使草稿一气呵成，讲究文稿的整体性与连贯性。

（三）修改

初稿完成以后就是对文章的修改、加工过程，包括作者对初稿的思想内存、语篇结构、语句标点等所做的更换、调整、增补、删减等工作。修改包含评价和改正两个过程。评价是改正的前提，评价是指作者根据心中的标准审阅或评判性阅读已经成稿的文章，有时是一稿，或是二稿，或是三稿。在评判性阅读中，作者从宏观到微观要对文释做出自己的研判和甄别。

当然，不同的维度和层面有不同的修改方法。人们往往把作文改正分为微观修改、宏观修改和校读。微观修改是指修酌文稿的段落和句子，这一过程强调段落与段落之间、段落与句子之间的统一性、完整性和连贯性，也强调句子的简洁性；宏观修改是指修正文稿的内容和结构，它包括修改文稿的角度、焦点、结构、风格和文体等；校读是指改正词语、标点符号等技术性的错误，使文章行文在措辞方面更加顺畅，文字组织更加规范。

总而言之，修改是写作过程中的有机组成部分，它贯穿于写作的整个过程。可以说，英语写作就是重写或修改的过程。

（四）自我调控

所谓自我调控，是指主体为了达到预定的目标，将自身进行的活动过程作为对象，对其进行计划、监察、检查、评价、反馈、控制和调整的过程。一般来说，自我监控主要包括四个环节：①制订计划；②实际控制；③检查结果；④补救措施。自我调控贯穿于构思、转译和修改写作的全过程。20世纪70年代以来，心理学界对写作中的自我调控从理论和实践两个方面进行了大量的研究；研究表明，学生写作中的自我调控能力或自我调控策略的运用技巧，是衡量个体写作能力高低的一项重要指标。

英语写作自我调控可以分为三个主要范畴或过程：①环境过程；②行为过程；③个人过程。环境过程是指作者对其写作活动所处的自然环境或社会环境的适应和控制。行为过程是指作者对与英语写作有关的外显活动的自我调控。个人过程涉及作者在写作过程中对认知和情感策略的运用。英语写作中自我调控的运作是多维性的、多元化的和多层性的。

自我调控的主要策略是由写作本身决定的。通常来讲，写作由作者写作任务环境、作者长时记忆和写作过程三部分构成。作者写作任务环境是由作者的写作安排或准备和作者外部储存量方面组成的。写作准备或安排包括写作主题、读者和写作的动机线索；写作外部储存是指作者所使用的外部资源和文章已写的部分对欲写的所产生的影响。作者的长时记忆是指作者头脑中储存的丰富知识。作者写作必须拥有的知识有三类：关于作者自身的知识、关于文章主题的知识、有关修辞的知识。写作过程主要是指写作构思、转译和修改。

英语写作中的自我调控策略也由此或隐或显地分为三个方面，它们有环境结构化、外部资源的自我选择，有自我监督、自我结果、目标设定、时间计划和管理、自我评价的标准和认知策略，也有自我言辞表达和心理意象等。

环境结构化策略是相对写作环境而言的，它涉及作者对环境进行有意识控制所采用的一些方法和策略，使作者在写作过程中能够集中注意力，不受外界无关因素的影响；外部资源的自我选择策略也与环境有关，它是指作者对范文、指导教师和书籍外部资源的自我选择。自我监督即写作过程的自我记录，自我记录能使写作行为按目标和要求顺利发展，它具有任务目标的指向作用，对于写作的成功而言是不可或缺的环节。自我结果是作为一种写作过程的自我调控的行为形式，它是作者视写作完成情况所做的自我强化。时间计划指写作过程中对各个环节所需要的时间进行有效的分配、管理和控制。目标没定是指作者对写作期待结果的一种规定，它包括达到特定目标的规定和文本质量规定。自我评价是指作者个人对文章结果的满意度，它也可以用来诊断写作或学习失能的标准。认知策略是作者经常在写作过程中使用的策略，它是写作各个环节都必须使用的写作技术。自我言辞表达是指作者通过口述方式来帮助自己写作。心理意象或称心理肖像，是指作者在创造性的写作过程中，有意识或潜意识地运用一些生动细致的意象，帮助或达到刻画情节和任务的目的。

自我调控对于英语写作能力的形成与发展具有重要的意义。写作之所以依靠高水平的自我调控，是因为它是一种有意识的、自我激发和自我维持的心智活动。自我调控策略的运用能够促进英语写作能力的提高；反之，写作能力的提高又可以推动学生自我调控策略的发展。自我调控的发展既是教学目标，又是英语学习的目标。它在教学的训练中提高，又在学生英语写作的体悟中提炼与升华。

二、写作课堂教学的内容与目标

（一）写作课堂教学的内容

写作教学的基本内容包括结构、句式、选词、拼写和标点符号等方面。下面就一一对这些内容进行讲述。

1. 结构

（1）谋篇布局

谋篇布局是写作的重要准备工作。因为结构是写作的基础，学生有必要了解不同体裁、题材文章的谋篇布局，根据写作目的选择适当的扩展模式。如篇章的结构：写作目的选择适当的扩展模式；段落的结构：主题句—扩展句—结论句。但谋篇布局并非一成不变，而是根据题材和体裁的不同而不同，在不同的文章中，主题句、扩展句及结论句的作用是不尽相同的。比如，在议论性文章中，主题句的作用主要是陈述读者认为正确的观点，扩展句是以说明的顺序扩展细节阐述原因，而结论句主要用于总结和重述论点。在说明性文章中，主题句的作用就是介绍主题，扩展句的作用就是以时间、重要性等顺序扩展细节说明主题，而结论句的作用则是概述细节，重述主题。

（2）完整统一

所谓完整统一，是指文章的所有细节如事实、例子、原因等都要围绕主题展开，所有的信息都要与主题相关，与内容切题。所有偏离主题的句子都要删除，同时保持文章段落的完整性。在教学的过程当中，对于这方面的训练也是非常重要的，在训练的过程中可采用专项练习方式，如设计含有不相关的段落，组织学生修改等，不断加强学生这方面的训练，增强学生这方面的意识。

（3）和谐连贯

和谐连贯是判断一篇文章好坏的重要标准，因此在写作的过程中必须注意文章的连贯性和逻辑性，保证句子与句子之间紧密相连，内容之间衔接流畅，段落与段落之间环环相扣，使整篇文章流畅自然、和谐统一。此外，使用恰当的起连接作用的词或词组，也能起到使文章流畅、段落紧密、句子严谨的作用，还可以引导读者随着作者的思路去思考问题。另外，过渡语的使用也可以起到增强文章连贯性的作用，但在写作的过程中要注意，过渡语不能不用，也不可滥用，要在保证文章结构流畅、内容简洁的前提下使用。

2. 选词

选词也是英语写作教学的重要内容之一。选词往往与个人的爱好有关，它是个人风格的体现，也是作者与读者之间交流的方式之一，因此词的选择要考虑语域的因素，如褒义词与贬义词的选择，具体同与概括词的选择，正式词与非正式词的选择，形象词的选择以及拟声词的选择等。另外，选词还要考虑角色的因素以及读者对象的因素等。

3. 句式

英语中的句式多种多样，常见的有强调、倒装、省略等，而且每种句式的变形又是多样的，因而有必要让学生对此多加练习。为了增强学生对句式的认知，让学生掌握正确的表达方式，在写作教学中，教师可采用"示范"和"讨论"的方式，对学生进行练习。

4. 拼写和符号

拼写与符号主要涉及学生的基础知识，包括单词的拼写和标点符号的正确与否。这些虽是一些细节问题，但仍对写作有着重要的影响，因此是英语写作教学的重要内容之一。

因此，在设计写作教学方式和内容时应将拼写和符号这些因素考虑进去，以增强写作教学的策略性和有效性。

（二）写作课堂教学的目标

国家颁布的《英语课程标准》提出了英语写作教学的目标，具体如下：

1. 能模仿范例写出和回复简单的问候语和邀请卡。
2. 能使用简单的图表和海报等形式传达信息。
3. 能使用常见的连接词表示顺序和逻辑关系。
4. 能用文字及图表提供信息并进行简单描述。
5. 能用词组或简单句为自己创作的图片写出说明。
6. 能根据所给图示或表格写出简单的段落或操作说明。
7. 能根据要求为图片、实物等写出简短的标题或描述。
8. 能根据文字及图表提供的信息写短文或报告。
9. 能根据写作要求，收集、准备素材。
10. 能根据课文写摘要。
11. 能写出简短的文段，如简单的指令、规则。
12. 能写出连贯且结构完整的短文，叙述事情或表达观点和态度。
13. 能描述（简单的）人物事件，并表达自己的见解。
14. 能（做简单的）书面翻译。
15. 能填写有关个人情况的表格，如申请表、求职表。
16. 能独立起草短文、短信等，并在教师的指导下进行修改。
17. 能以小组为单位把课文改编成短剧。
18. 能（基本）正确地使用大小写字母和标点符号。
19. 能在写作中做到文体规范，语句通顺。

三、写作课堂教学的模式

写作课堂教学的模式主要有三种：重结果的教学模式、重内容的教学模式和重过程的教学模式。

（一）重结果的教学模式

重结果的教学模式是一种比较传统的教学模式，这种模式强调词汇、拼写、语法和句法等方面的教学，其操作步骤为：教师命题——学生写作——教师批改。在这种教学模式下，学生学习写作是处于一个孤立的环境，写作内容与写作的过程往往被忽视。

（二）重内容的教学模式

重内容的写作教学模式更加注重写作素材的收集。教学中教师主要是指导帮助学生从不同的渠道获取信息，教师的重点在于帮助学生准备写作，丰富写作内容。重内容的教学模式主要有三个步骤：

1. 收集信息

收集信息是内容教学模式的重头戏。写作要求明确之后，学生带着问题去读书、听讲座、参加讨论，以获取写作素材，然后将获取的写作素材进行综合整理。

2. 写初稿

学生在教师的指导下根据写作要求将收集的素材转化为文章，这是成文的主要阶段。

3. 修改

修改与写初稿之间没有严格的界限。两个阶段的任务都让学生自己完成。在这一阶段，学生对初稿加工润色成定稿。

此教学模式既可以使学生运用原有的知识，又能借助新获取的信息开阔视野，丰富写作内容，但同时要求学生必须具备一定的阅读能力，对学生的现有语言能力要求较高，不适合低中级外语学生。

（三）重过程的教学模式

重过程的写作教学模式力求营造一种教学氛围，把学生和学生的需求置于师生间交互学习的中心，这种教学氛围营造的目的有以下几个方面：

1. 使学生可以共享信息，相互帮助。
2. 使学生可以在写作时敢于创新，并做出个性化选择。
3. 将写作视为一个过程，认识到这个过程的开始就是第一稿。
4. 与其他同学合作评估自己的写作水平，再进行修改和完善。

该教学模式的操作步骤主要分五步，具体如下：

1. 写前准备。这一阶段的主要任务是在教师的指导下学生开始审题，并通过小组讨论的方式搜集素材，然后进行构思并列出提纲。

2. 写初稿。该阶段学生采用个性化活动方式，独立完成初稿的写作。

3. 修改。这一阶段主要在课堂上进行，一般采用学生相互之间进行修改和教师抽样点评相结合的方式。

4. 写第二稿。主要是学生根据修改阶段发现的问题完善自己的写作，写出第二稿，可以说是一个再加工的过程。

5. 教师批改讲评。在这一阶段，教师的主要任务就是让学生充分了解写作的过程，活跃课堂气氛，调动学生的写作积极性，开发学生的思维能力。

四、写作课堂教学的主要策略

（一）选题构思策略

文章的写作过程是离不开构思的，构思可以说是写作的基础。选题构思策略常用的手段有自由写作式、思绪成串式和利用五官启发式等。

1. 自由写作式

所谓自由写作式，是指在拿到题目之后，大脑就开始围绕主题展开思考，并将头脑中形成的与主题相关的信息记录下来。将自己的想法记录完毕之后，再回头阅读所写的内容，从中挑选出对写作有用的信息，并将其余的放弃，这样写作的思路自然打开了，写作的框架也就很容易形成了。

2. 思绪成串式

思绪成串式是指将主题写在纸中间一个圆圈里，想到与主题相关的关键词就写下来，画个圈。然后将这些观点进行总结归纳，最后确定写作思路。它是扩展写作思路的另一种有效的方法。

随着思路的展开，思路也就逐渐打开了。对展开的一连串思路进行总结归纳，最后的写作思路也就很容易确定了。

3. 五官启发式

五官启发式这种选题构思方法主要是通过看到的、听到的、闻到的、尝到的、触摸到的几方面去思考，搜寻与题目有关的材料，但这些方面也没有必要面面俱到。这种方法常用于描写文当中。

（二）开篇策略

通常来讲，一篇文章包括三个部分：开头、中间和结尾，但开头最引人入胜。在英语测试中，如果文章有一个出彩的开头，那么获得高分的概率就大。因为在教师有限的阅卷时间内，文章的开头部分首先映入他们的眼帘，文章开头写得好，往往就容易得高分。

1. 下定义

就是在开篇给出必要的解释说明，以帮助读者理解。

2. 描写导入

描写导入就是通过描写背景，然后导入正题。

3. 以故事引入

以故事引入就是以故事作为文章的开头以引出下文，这种方式可有效激发读者的阅读兴趣。

4. 问答式

文章的开篇采用问答的方式，能有效地吸引读者的注意力，激发读者阅读的兴趣。尽量多问一些问题，尤其是多问一些人们想知道的问题，然后根据这些问题确定写作思路。

（三）段落展开策略

1. 按定义展开

这种方法常用于说明文，即对某一个含义复杂、意思抽象的词语或概念阐明其定义。在下定义的同时，还可运用举例子、打比方的方法，让读者对其定义有一个明确完整的了解。

2. 按分类展开

按分类展开的段落常用于说明文中，一般是将要说明的事物按其特点进行分类，并逐一说明。

3. 按时间展开

这种方法常用于记叙文，通常是记叙一件事情，按照事件发生的时间顺序来写。

4. 按空间展开

该方法常用于描述一个地方或景物。文章是根据一定的空间方位顺序来写的，如从上到下、从左到右、从里到外等。

5. 按过程展开

按过程展开，就是文章按照事情发展的经过、顺序进行逐项说明。这种段落展开方法常用于记叙文中。

6. 按原因、结果展开

按原因、结果展开的方法主要包含三种形式：第一种是按原因展开，即文章开头先描写结果，然后再分述其原因；第二种是先给出结果，然后再叙述其原因；第三种是文章既分析原因又分析结果。这种段落展开方法常用于说明文中。

7. 按类比或对比展开

类比是比较同一范畴事物之间或几个人之间的相似之处，对比是比较事物或人的不同之处。类比和对比常同时使用，展开论述，以指出二者的相同之处和不同之处。这种方法常用于说明文中。

8. 按实例细节展开

按实例细节展开，即在文章开头提出论点，随后举出实例加以说明。这种展开方法常用于说明文，将主题句的抽象意思具体化，给读者一个清晰、有趣、深刻和信服的印象。

（四）衔接策略

一篇文章不仅要在内容上具有完整性，还要在结构上具有连贯性，因为结构的紧凑连贯是决定文章好坏的一个重要因素。结构上的紧凑是指文章的各个部分有机结合、紧密连接，并时刻围绕主题展开，句子段落结构条例清晰，层次分明，不前后脱节，语无伦次。在英语写作中，结构的紧凑程度是决定文章好坏的一个重要因素，所以一篇文章，不仅要在内容上具有完整性，还要在结构上具有连贯性。如果结构的连贯性不佳，那么就会给读者了解文章带来障碍。

只有结构连贯，读者才能跟上文章的思路，了解文章的大意。要使文章连贯，一般可采用以下衔接手段：

1. 使用平行结构。平型结构句子的使用可以使段落的大意得到充分的发挥。

2. 保持名词和代词的人称和数量一致；动词时态一致。这样可以使文章连贯、清新、流畅。

3. 使用过渡词语。过渡词语的使用可以起到承上启下的作用，将句子很好地连接起来，使文章段落环环相扣。

4. 使用代词。使用代词来代替上下文提到过的人或事，从而使句子互相照应，互相衔接。

5. 重复关键词语。重复关键词语可以使句子之间衔接紧密，从而使段落不断向前发展。

（五）结尾策略

1. 总结式

总结式就是在文章结尾处对全文进行概括总结，以揭示主题，加深读者的印象。

2. 重申式

重申式就是在文章结尾处通过重复引言部分提出的观点，以达到深化主题，强调中心思想的效果。

3. 建议式

建议式即针对文中讨论的现象或问题，提出建议，提供解决的方法。

4. 展望式

主要是在文章结尾处表达对将来的期待，给人以鼓舞。这种结尾方式有助于增加文章的感染力。

5. 警示式

尾方法主要是依据文中的论点，在文章结尾处揭示问题的严重性，以引起读者的重视，引发读者的思考。

（六）修改策略

写完初稿，要从头到尾仔细阅读修改，把重复、多余、与主题无关的部分删去，把表达不完整、不清晰的地方改正过来，纠正拼写、语法、符号等错误。文章的修改主要从以下几个方面入手：

1. 主题

在这一方面，首先要看文章所表达的主题是否完整统一，然后看文章的内容与标题是否相符，主题句是否清楚，时态是否恰当，语气是否一致，逻辑是否正确等。如果在审视过程中发现问题，应及时修改。

2. 段落

在检查文章中段落方面的问题时，可从检查段落材料是否充分，展开是否流畅，说理是否清楚，段落之间是否连贯，是否运用了恰当的过渡句等方面入手。

3. 语法

语法错误是学生写作中容易出现的，因此需要特别重视。在检查语法方面的问题时，需要考虑的方面包括：检查文章中有无病句，有无拼写错误，标点符号的运用是否正确等。语法包含的方面非常多，所以下面我们结合实例来进行讲解。

第六章　信息技术与高校英语课程整合的教学模式

第一节　信息技术与课程整合的理论与方法

一、信息技术与课程整合的目标与内涵

（一）信息技术教育应用的发展

自20世纪50年代末研究出第一个计算机辅助教学系统以来，信息技术教育应用在发达国家大体经历了三个发展阶段。

从60年代初至80年代中期，主要是利用计算机的快速运算、图形动画和仿真等功能，辅助教师解决教学中的某些重点、难点，这一阶段被称为"计算机辅助教学阶段"（CAI）。这些CAI课件大多以演示为主，这是信息技术教育应用的第一个发展阶段。在这一阶段，一般只提计算机教育，还没有提出信息技术教育的概念。

从80年代中期至90年代中期为"计算机辅助学习阶段"（CAL）。此阶段逐步从辅助教为主转向辅助学为主，强调如何利用计算机作为辅助学生学习的工具，例如用计算机帮助搜集资料、辅导答疑、自我测试以及帮助安排学习计划等。这个阶段不仅用计算机辅助教师的教学，更强调用计算机辅助学生自主地学习，是信息技术教育应用的第二个发展阶段。在这一阶段，计算机教育和信息技术教育两种概念同时并存。应当指出的是，我国由于信息技术教育应用起步较晚，目前绝大多数高校的信息技术教育应用模式仍然主要是CAI阶段，即计算机辅助教学阶段。

信息技术与各学科课程的整合是从90年代中期开始的，被称为"信息技术与课程整合阶段"（IITC）。至此，信息技术教育应用进入第三个发展阶段。这一阶段以信息技术应用于教学为显著特征，使教学模式发生了重大变化。在这一阶段，原来的计算机教育（或计算机文化）概念已完全被信息技术教育所取代。信息技术与课程的整合，是当前国际教育界非常关注的一个研究课题。

（二）信息技术与课程整合的目标

信息技术与课程整合，不是把信息技术仅仅作为辅助教或辅助学的工具，而是强调要利用信息技术来一种营造新型的教学环境，该环境应能支持情景创设、启发思考、信息获取、资源共享、多重交互、自主探究、协作学习等多方面要求的教学方式与学习方式，也就是实现一种既能发挥教师主导作用又能充分体现学生主体地位的、以"自主、探究、合作"为特征的教与学方式，这样就可以把学生的主动性、积极性、创造性较充分地发挥出来，使传统的以教师为中心的课堂教学模式发生根本性变革。教学模式变革的主要标志是师生关系与师生地位作用的改变，从而使学生的创新精神与实践能力的培养真正落到实处，这正是我们的素质教育目标所要求的。

西方发达国家把信息技术与课程整合看成是培养 21 世纪人才的根本措施，而 21 世纪人才的核心素质则是创新精神与合作精神。信息技术与课程整合是培养创新人才的重要途径乃至根本措施，信息技术与课程整合所要达到的目标，就是要实现创新人才的培养。这既是我们国家素质教育的主要目标，也是当今世界各国进行新一轮教育改革的主要目标。

（三）信息技术与课程整合的内涵

通过以上对"信息技术与课程整合目标"的分析中可以看到，我们对整合目标的确定，是首先从分析信息技术与课程整合的性质、功能入手，在把握信息技术与课程整合本质特征的基础上推导出其目标。因此只要稍加精炼与加工，我们就完全有可能从上述关于整合目标的分析过程中，引申出关于信息技术与课程整合的定义或内涵。这一定义或内涵可以表述为：所谓信息技术与学科课程的整合，就是通过将信息技术有效地融合于各学科的教学过程来营造一种新型教学环境，实现一种既能发挥教师主导作用又能充分体现学生主体地位的以"自主、探究、合作"为特征的教与学方式，从而把学生的主动性、积极性、创造性较充分地发挥出来，使传统的以教师为中心的课堂教学模式发生根本性变革，从而使学生的创新精神与实践能力的培养真正落到实处。

由这一定义可见，它包含三个基本属性：创设新型教学环境、实施新的教与学方式、改革传统的教学模式。新型教学环境的建构是为了支持新的教与学方式，新的教与学的方式是为了改革传统的教学模式，改革传统的教学模式则是为了最终达到创新精神与实践能力培养的目标，如创新人才培养的目标。可见，"整合"的实质与落脚点是改革传统的教学模式，即改变"以教师为中心"的教学模式，创建新型的、既能发挥教师主导作用又能充分体现学生主体地位的"主导—主体相结合"教学模式。

"环境"这一概念含义很广，教学过程主体以外的一切人力因素与非人力因素都属于教学环境的范畴。所以，上述定义就信息技术在教育领域的应用而言，和把计算机为核心的信息技术仅仅看成工具、手段的 CAI 或 CAL 相比，显然要广泛得多、深刻得多，其实际意义也要重大得多。CAI 主要是对教学方法与教学手段的改变，但没有出现新的学习方式，更没有改变教学模式，所以它和信息技术与课程整合二者之间绝不能画等号。但是，在课程整合过程中也会将 CAI 课件用于促进学生的自主学习，所以"整合"并不排斥 CAI，其目的是运用 CAI 课件作为提供学生自主学习的认知工具与协作交流工具，这种情况下 CAIR 是信息技术应用于整个教育过程的一个环节、一个局部。而传统的以教师为中心的计算机辅助教学是把 CA1 课件作为辅助教师突破教学中的重点与难点的直观教具、演示教具，这种情况下 CAI 就是信息技术应用于教育的全部内容。可见，这两种教学情景下 CAI 课件的运用，其应用方式和内涵实质都是不一样的。

目前，从全球教育的发展趋势看，信息技术教育应用逐渐进入第三个发展阶段即信息技术与课程整合的阶段。进入这个阶段后，信息技术就不再仅仅是辅助教或辅助学的工具，而是要通过建立新型教学环境和教与学方式，从根本上改变传统的以教师为中心的教学模式，以培养学生的创新精神与实践能力为教学目标，即大批培养创新人才的目标。

二、信息技术与课程整合的途径与方法

信息技术与课程整合对我国当前教育深化改革有着重要意义。就高等教育而言，我国教育信息化的硬件设施有了很大的发展，高校的校园网络建设基本上已经在全国范围内普及。虽然教育信息化硬件设施有了大幅增长，但是目前却绝大部分未能充分发挥作用，造成资源的极大浪费。有关专家指出，目前我国大学校园网 90% 以上只用于科研方面的资料查找，而没有其他的教育教学应用。在其余 10% 科研以外的应用中，有一部分用于教育行政管理（如学校办公系统、电子图书馆、学生成绩统计等），另有一部分用于辅助教学（一般都停留在多媒体课件 +PowerPoint 的浅层次运用）。真正能在某些学科教学中，通过开展信息技术与课程的有效整合实现教育深化改革的高校为数并不多。如何运用信息技术环境（尤其是网络环境）来促进教育深化改革，改变传统的"以教师为中心"的教学模式，形成"主导—主体相结合"的新型教学模式，是关于提升高校的学科教学质量与效率的问题，也是中国教育信息化、科学化的关键问题。

目前，国际上普遍认为只有通过信息技术与课程的有效整合才有可能解决上述问题。信息技术与课程整合的理论必须能够对信息技术与课程整合的目标、内涵、方法等三方面的问题做出科学的回答，以整合途径与方法，这是信息技术与课程整合理论中最关键的问题。有关专家指出，信息技术与课程的有效整合意味着数字化的学习，而数字化的关键是

将数字化内容整合的范围日益增加，直至整合整个课程，并应用于课堂教学。当具有明确教育目标且训练有素的教师把具有动态性质的数字内容运用于教学的时候，它将提高学生探索与研究的水平，从而有可能达到数字化学习的目标。为了创造生动的数字化学习环境，学校必须将数字化内容与各学科课程相整合。

美国教育技术 CEO 论坛的第三年度报告提出进行有效整合的步骤方法如下：

①确定教育目标，并将数字化内容与该目标联系起来；②确定课程整合应当达到的、可以被测量与评价的结果和标准；③依据上面第二条所确定的标准进行测量与评价。

然后按照评价结果对整合的方式做出相应的调整，以便有效地实现教学目标。但是应该指出，这样的步骤方法既不涉及"整合"的指导思想，又不涉及"整合"的教学设计、教学资源与教学模式，对教师而言在实际的操作中会有困难。

从事信息技术教育的学者普遍认为，信息技术应用于教学主要是在课前与课后，包括资料查找以及在学生与学生之间、学生与教师之间进行交流与合作，而课堂教学过程的几十分钟，一般难以发挥信息技术的作用，还是要靠教师去言传身教。从美国目前实施的信息技术与课程整合的基本模式上看，实施信息技术与课程整合的常用模式不外乎以下几种：基于问题的学习、基于项目的学习和基于资源的学习等。信息技术应用于课前时，是指教师利用这种方式在课前将讲授内容、相关资料、重点难点以及预习要求，事先通过网络发布，使学生在上课前能做好充分准备，若有疑问还可随时和教师进行沟通与交流。基于问题的学习、基于项目的学习、基于资源的学习则属于另一类模式，它们同属于基于网络的专题"研究性学习"模式。由于这类模式是围绕自然界或社会生活中的真实问题而展开，往往是多个学科的交叉，多种知识的综合运用，要进行大量的实际调查、访谈或测量，需要花费较多时间，只能利用课外时间来完成，所以不适合作为课堂上的常规教学模式。

我们对整合内涵与本质的认识源于西方的观点，即从创造新型教学环境的角度来理解整合。在各门学科的信息技术与课程整合过程中，我们应该结合中国的国情，遵循一定的指导思想与实施原则，找到实现信息技术与课程深层次整合的基本途径与方法。

1. 以先进的教育理念为指导

为了实现上述目标，必须运用先进的教育理论，特别是以建构主义理论为指导。信息技术与课程整合的过程绝不仅是现代信息技术手段的运用过程，也是教育深化改革的过程。没有理论指导的实践是盲目的实践，改革必将失去正确的方向。建构主义理论并非能解决教学中的任何疑难问题，但建构主义所强调的"以学为主"、学生主要通过自主建构获取知识意义的教育思想和教学观念，对于多年来统治我国各级各类学校的以教师为中心的传统教学结构是极大的冲击。除此以外，还因为建构主义的学习理论与教学理论以及建构主义学习环境下的教学设计方法，可以为信息技术环境下的教学，也就是信息技术与各学科课程的整合提供最强有力的理论支撑。

2. 以建立新型的教学模式为中心

上文在分析信息技术与课程整合定义与内涵的过程中曾经指出，"整合"的实质与基础是变革传统的教学模式，即改变以教师为中心的教学结构，创建新型的既能发挥教师主导作用、又能充分体现学生主体地位的"主导—主体相结合"教学模式。这就要求教师在进行课程整合的过程中，密切关注教学系统四个要素（教师、学生、教学内容、教学媒体）的地位与作用。通过课程整合，使这四个要素的地位与作用发生相应的改变，并深入思考以下问题：改变的程度有多大；哪些要素改变；哪些要素没有改变；没有改变的原因在哪里？这些问题，正是衡量整合效果与整合层次深浅的主要依据。

3. 坚持"学教并重"的教学设计理论

目前流行的教学设计理论主要有"以教为主"的教学设计和"以学为主"的教学设计两大类，后者也称为建构主义学习环境下的教学设计。由于这两种教学设计理论均有其各自的优势与不足，所以最好是将两者结合起来，形成优势互补的"学教并重"的教学设计理论。这种理论既重视发挥教师的主导作用，又充分体现学生的主体地位。在运用这种理论进行教学设计时，以计算机为核心的信息技术，包括多媒体和计算机网络技术在内，不单单是辅助教师教课的形象化教学工具，更重要的是作为促进学生自主学习的认知工具与协作交流工具。建构主义学习环境下的教学设计理论，能在这方面发挥重要的指导作用。

4. 重视教学资源的建设

丰富而高质量的教学资源，是实现课程整合的必要前提，是学生的自主学习、自主发现和自主探索的必不可少的条件，也是改变教师主宰课堂、学生被动接受知识这种状态的要求。缺少了这个条件，新型教学模式的创建也便无从说起，创新人才的培养也无法实现。教学资源的建设，要求广大教师努力搜集、整理和充分利用互联网上的已有资源（如免费教学软件等），只有在确实找不到理想的与学习主题相关的资源情况下，才有必要由教师自己去进行开发。

5. 注意结合学科的特点

新型教学模式的创建要通过全新的教学结构来实现。教学结构属于教学方法、教学策略的范畴，但又不完全等同于教学方法或教学策略。教学方法或教学策略一般是指教学上采用的单一的方法或策略，而教学结构则是指两种或两种以上教学方法或教学策略的稳定组合。在教学过程中，为了实现某种预期的效果或目标，创建新型的教学模式，往往要综合运用多种不同的方法与策略。当这些教学方法与策略的联合运用总能达到预期的效果或目标时，就成为一种有效的教学结构。能实现新型教学模式的教学结构很多，而且因学科和教学单元的内容不同各异，在实际教学中教师应结合各自学科的特点，并通过信息技术与课程的深层次整合去创建新型的、既能发挥教师主导作用又能充分体现学生主体地位的"主导—主体相结合"教学模式。由此产生的教学模式的类型是多种多样的、分层次的。常见的实现信息技术与课程深层次整合的教学模式包括"探究性教学模式"、专题"研究式教学模式""仿真实验教学模式"等。"探究式教学模式"适用于各个学科每一个知识点的常规教学，这种模式可以深入地达到各学科认知目标与情感目标的要求，且文理科皆适用；专题"研究性教学模式"适用于培养学生解决实际问题的能力，包括发现问题、提出问题、分析问题、解决问题的能力；"仿真实验教学模式"则适用于物理、化学、生物等课程的实验教学。这几种教学模式都有各自不同的实施步骤与方法，如果能将上述几种教学模式灵活运用，将有力地促进信息技术与课程设计的深层次整合。

三、信息技术与课程整合在高校英语教学改革中的实践意义

多年来，高校英语教学的模式，实质上就是"以教师为中心"的教学模式。在这种模式下，教学系统中四个要素的关系是：教师是主动的施教者，是教学过程的绝对权威，教师通过口授、板书把语言知识传递给学生；作为学习过程主体的学生，在整个教学过程中主要是用耳朵听讲、用手记笔记，完全处于被动接受状态，是外部刺激的接收器；媒体在教学过程中主要是作为辅助教师教课即用于突破教学中重点、难点的演示教具、直观教具；教材是学生获取知识的唯一来源，教师讲这本教材，复习和考试都是依据这本教材。这种教学模式的优点是有利于教师主导作用的发挥，有利于教师对课堂教学的组织、管理与控制。但是，这一模式的最大缺陷就是忽视学生的主动性与积极性的发挥，不能把学生的主体地位很好地体现出来，难以达到理想的教学效果，更不可能培养出富有创造性的创新型人才，这正是传统的以教师为中心教学结构的最大弊病。

近年来，我国高校英语教学改革取得了不小的成绩，但是并没有实质性的重大突破，其原因在于这些教改只注重了教学内容、手段和方法的改革，而忽视了教学模式的改革。教学内容、手段、方法的改革固然很重要，但却不一定会触动教育思想、教与学理论这类深层次的问题，只有教学模式的改革才能触动这类问题。"整合"的实质正是要改变以教师为中心的教学模式，创建新型的、既能发挥教师主导作用又能充分体现学生主体地位的"主导—主体相结合"教学模式，以便激发学生的主动性、积极性与创造性，从而使创新人才培养的目标落到实处。由此可见，信息技术与课程整合对深化我国高校英语教学改革具有重要的现实意义。

在教学实践中探索和实践将信息技术与高校英语课程整合的教学模式，将会有助于高校英语教学改革进程的推进，提高高校英语教学的成效。开展信息技术与课程整合的落脚点是变革传统的教学结构，但由于教学模式的类型是多种多样的、分不同层次的，信息技术与课程的整合模式也不例外。学科教学过程涉及三个教学阶段：一是与课堂教学环节直接相关的"课内阶段"，另外两个是课堂教学环节之外的"课前阶段"和"课后阶段"。因此，从最高层次考虑，信息技术与课程整合的教学模式只有两种，即按照所涉及的教学阶段来划分的"课内整合模式"和"课外整合模式"。

目前，西方国家比较重视信息技术与"课前阶段"和"课后阶段"教学过程的整合，也就是"课外整合模式"。多年来，他们在这方面做了大量的研究、实践和探索，并取得了成功的经验。"课内整合教学模式"的课堂教学涉及不同学科、不同教学策略和不同的技术环境支撑等多种因素，所以实现课内整合的教学模式分类比较复杂。根据技术支撑环境的不同，"课内整合教学模式"可以划分为基于多媒体演示、基于网络教室、基于软件工具或仿真实验室等类型。根据所选用教学策略的不同，"课内整合教学模式"原则上可以分为自主探究、协作学习、演示、讲授、讨论、辩论、角色扮演等多种类型。

在国内，我们历来比较重视"课内整合教学模式"，但往往忽视对"课外整合教学模式"的探索与研究，这点与西方发达国家有所不同。西方国家在"课外整合教学模式"方面做了大量的工作，取得了很多成功的经验，可供我们学习和借鉴，不过我们在学习与借鉴的过程中，一定要注意结合中国的现实环境和具体条件，不能盲目地照搬照抄。

第二节 信息技术与高校英语课程的课内整合模式

为了实践信息技术与高校英语课程的整合，必须变革传统的以教师为中心的教学模式。由于学科教学过程涉及三个教学阶段：一是与课堂教学环节直接相关的"课内阶段"，另外两个是课堂教学环节之外的"课前阶段"和"课后阶段"。因此，从最高层次考虑，信息技术与课程整合的教学模式："课内整合模式"和"课外整合模式"。"课内整合教学模式"的课堂教学模式分类比较复杂。从选用教学策略的不同，"课内整合教学模式"原则上可以分为自主探究、协作学习、演示、讲授、讨论、辩论、角色扮演等多种类型。其中，探究式教学模式是指在教学过程中要求学生在教师指导下，通过以"自主、探究、合作"为特征的学习方式对当前教学内容中的主要知识点进行自主学习、深入探究，并进行小组合作交流，从而较好地达到课程标准中关于认知目标与情感目标要求的一种教学模式。探究式教学模式的基本特征也可用一句话来概括：它既重视发挥教师在教学过程中的主导作用，又充分体现学生在学习过程中的主体地位。

在本节我们将对目前影响较大的信息技术的"课内整合教学模式"——探究式教学模式进行介绍和分析。讲述它们的产生背景、内涵与特征、实施步骤等问题，并结合这种整合模式在高校英语教学中的实施案例，探讨信息技术在高校英语教学中的"课内课外"整合模式的目标、内涵和实现的途径。本节的主要目的是帮助广大高校英语教师更深入地理解，如何在建构主义理念下将探究式教学模式运用在大学高年级阶段双语课程的教学实践。

建构主义教学观有别于传统的教学观。传统观点认为，教育的目的是把前人所获得的知识传授给学生，师者只要传道授业便完成了使命，学生是知识的被动接受者。而建构主义观点则认为，学习过程是以自身已有的知识和经验为基础的建构活动，教师应该以此为终极教学目的，辅助学习者完成知识建构。因此，基于建构主义教学观所设计的主体学习活动是动态的。设计中充分考虑到主体已有的知识积累和学习经历与经验，主体业已形成的人生观和世界观也会对知识建构产生影响，在教学活动设计的过程中也应该最大限度地考虑到学生在这方面所呈现的个体差异，在探究知识的过程中培养学生的批判性思维。对学生知识的评价体系应该建立在问题解决过程中，以学生对事物的理解和解决问题的能力作为衡量的标准。将传统"教师决定式"或灌输式教学模式转化为开放式，教学活动的每个环节都有学生主体的参与，学习质量好坏不仅是学习者知识积累多寡，更多的是学习者外化知识的能力的提升。换言之，学生获得知识的多少不再取决于学生死记硬背教师讲授内容的能力。在教学过程中，教与学不再只是简单的知识的传输和接收过程，而是包含了师生的互动、学生与学生之间的互动，以及学生主动寻索知识、不断构建新知识体系的过程。

建构主义学习观认为，学习不是信息简单地从外到内的单向输入，而是通过新信息与学习者原有的知识经验双向的相互作用而实现的。因此，基于建构主义学习观的教学活动设计还应包括学习者与学习环境之间互动。学习应该通过学习者的高水平的思维活动来实现，而不是简单沿着记忆的流程进行。学习者需要建构关于事物及其过程的表征，但这种知识建构不是原封不动地知识搬运，而是应用已有的认知结构对新信息进行加工而完成的。在这个知识学习、整合、内化过程中，每个学习者都在以自己原有的经验系统为基础，对新的信息进行认识和编码，建构新的认知体系。在这一过程中，原有知识由于新经验的介入而发生调整和改变。因此，建构主义所倡导的学习，不再是教师向学生简单传递知识，而是学生主体建构自己的知识的过程。学生不再是被动的信息接受者；相反，学生要在主动改造和重组原有经验的基础上建构新信息的意义，这种建构不可能由他人代替。学生学习的主要任务，不再是对各种事实性信息的记忆、复述和简单应用，而是在教师指导下主动地、有意义地对外部信息进行选择和加工，搜集并分析有关的信息和资料，进而对所学习的问题提出各种假设进行验证、评价甚至批判。

一、探究式教学模式产生的背景

基于建构主义理论的探究式教学过程以学生为主体、以学生发展为本、以教师为主导，无论对教师，还是对学生，都提出了更高的要求。这就要求学生必须保证课后的时间及精力投入。建构主义教学理念强调情景学习，其目的之一就是让学生融入学习的情景中，主动观察模仿情景中所隐含的知识与技能，进而能培养独立思索的能力，以解决实际面临的各项问题。在建构主义理念下，作为探究问题学习者要有一个由"边缘"到"核心"的转变，这个过程就是学生自主能力提升的过程，这也符合情景学习理论的边缘参与规则。探究式教学要求学生勤于思考、发表独创见解、有创新精神，这都要求学生课后不断反思，迫使学生形成反思能力，形成科学的学习方法。

多数学者认为，学习方式是指学生在完成学习任务过程中的基本行为和认知取向。可以说，学习方式是当代学习理论中的一个重要概念。它不是指具体的学习方法和学习策略，而是指学习者在学习过程中发挥自主性、探究性与合作性方面的基本特征。传统的学习方式把学习建立在人的客体性、受动性和依赖性的基础之上，而忽视了学习者的主动性、能动性和独立性。转变学生的学习方式就是要转变这种他主的、被动的和依赖的学习方式，倡导自主的、探究的与合作的学习方式，使学生的主体意识，能动性和创造性不断得到发展，并真正成为学习的主人。

2007年教育部高教司颁布的《高校英语课程教学要求》指出，各高校应充分利用现代信息技术，改进以教师讲授为主的单一教学模式，使英语的教与学可以在一定程度上不受时间和地点的限制，朝着个性化和自主学习的方向发展。新的教学模式应体现英语教学实用性、知识性和趣味性相结合的原则，有利于调动教师和学生两个方面的积极性，尤其要体现学生在教学过程中的主体地位和教师在教学过程中的主导作用。教学模式改革的目的之一是促进学生个性化学习方法的形成和自主学习能力的发展。新教学模式应能使学生选择适合自己需要的材料和方法进行学习，获得学习策略的指导，逐步提高其自主学习的能力。为此，明确倡导要在高校英语教学中推进以"自主、探究、合作"为特征的学习方式，从而改变传统的以教师为中心的教学模式。2010年，《国家中长期教育改革和发展规划纲要（2010—2020年）》颁布实施，指出要深化教育体制改革，改革人才培养体制，提高人才培养水平，创新人才培养模式。同时，进一步明确创新人才培养模式。在遵循教育规律和人才成长规律的前提下，深化教育教学改革，创新教育教学方法，探索多种培养方式，形成各类人才辈出、拔尖创新人才不断涌现的局面。为此要倡导启发式、探究式、讨论式、参与式教学，帮助学生学会学习，注重学思结合。在教学过程中要激发学生的好奇心，培养学生的兴趣爱好，营造独立思考、自由探索的良好环境。同时，教学中还要充分发挥现代信息技术作用，促进优质教学资源共享，引导学生深入研究，确定不同教育阶段学生必须掌握的核心内容，形成更新教学内容的机制。在上述背景下，探究式教学模式为我国教育界日益熟悉和接受，越来越多的高校教师开始将这一教学模式运用到不同学科专业课程教学的教学实践中。

探究式教学模式对传统的以教师为中心的、单纯以讲授为主、学生被动接受的教学模式提出了挑战。教学模式的改变不仅是教学方法和教学手段的变化，而且是教学理念的转变，是实现从以教师为中心、单纯传授语言知识和技能的教学思想和实践，向以学生为中心，既传授语言知识与技能，更注重培养语言实际应用能力和自主学习能力的教学思想和实践的转变，也是向以培养学生终身学习能力为导向的终身教育的转变。探究式教学模式的学习对象（即学习主题）是课文中的某一个或几个知识点，这与课外整合模式中的"研究性学习"教学模式有本质上的不同，因为"研究性学习"教学模式的学习主题总是围绕自然界或社会生活中的某个真实问题而进行。由于任何课程的教材都是由一篇篇的课文组成，而每篇课文又总是包含一个或几个知识点，这就表明，信息技术与课程整合的几乎所有日常教学活动（包括各种不同学科的常规课堂教学活动）都可以采用这种模式。事实上，探究式教学模式，目前已经成为能满足各学科常规课堂教学需要的、最有效也是最常用的课内整合模式之一。

二、探究式教学模式的内涵与特征

探究式教学模式是指在教学过程中，要求学生在教师指导下，通过以"自主、探究、合作"为特征的学习方式，对当前教学内容中的主要知识点进行自主学习、深入探究并进行小组合作交流，从而较好地达到课程标准中关于认知目标与情感目标要求的一种教学模式。认知目标涉及与学科相关的知识、概念、原理与能力的理解和掌握；情感目标则涉及感情、态度、价值观与思想品德的培养。在实施信息技术与课程深层次整合的过程中，各学科知识与能力（如阅读、写作、计算、看图、识图、实验以及上机操作等能力）的培养，以及健康情感、正确价值观与优秀思想品德的形成，都可通过探究式教学模式使之逐步落实。探究式教学模式的基本特征也可用一句话来概括：既重视发挥教师在教学过程中的主导作用，又充分体现学生在学习过程中的主体地位。这一教学模式的特点和优势具体表现在以下两个方面：

（一）教师的主导作用

尽管探究式教学模式主要采用"自主、探究、合作"的学习方式，在教学过程中强调学生的自主学习和自主探究，但是它并不忽视教师在教学过程中的主导作用。相反，它通过下面四个环节使教师的主导作用在整个教学过程中得到全面的发挥，教师在探究式教学活动中的主导作用应该体现在如下几个角色上：

1. 学习动机的激发者

探究式学习的对象要由教师确定。探究式模式的教学总是围绕课程中的某个知识点（即探究式学习的对象）而展开，到底是哪个知识点，不是随意确定的，更不能由学生自由选择，而是要由教师根据教学目标的要求和教学的进度来确定。同时，教师应适度激励学生以极高的热情和主动性参与活动，如考虑学生学业素质、兴趣、需要，适时适度给予学生必要的个性化指导，营造相互信任支持和帮助的学习气氛，并鼓励学生全身心投入到探究学习活动中。

2. 学生自主学习和协作学习的组织者

给学生提出若干富有启发性、能引起学生深入思考并与当前学习对象密切相关的问题。在学习的对象确定之后，为了使探究性学习切实取得成效，还需要在探究之前选择或设计教学的探究策略，如根据具体情况采用"支架式"策略、"抛锚式"策略、"随机进入式"策略等启发和引导学习者进行探索、发现规律，帮助学生在自主学习中完成知识建构。同时，设计多种交互形式，如竞争、辩论、伙伴合作、问题解决、角色扮演等方式，组织学生开展协作学习。

3. 学习环境和资源的设计者

进行探究过程中要由教师为学生提供多方面的帮助与指导，以便学生可以带着问题进行探究。这一过程固然是由学生个人或学习小组去实施完成，但是教师的作用也是必不可少的：教师应该为学生的探究活动设立积极学习情景（如吸引、情景、学业三种内容的设计）、新旧知识的联系线索、帮助构建新知识、精选设计组织和传递学习资源，教师甚至需要提供有关的探究工具，指导和引领学生正确高效地使用相关的教学资源（如图书馆中的专业数据库），以及对探究式学习中的方法、策略做必要的指导。如果这方面的学习支持与指导不落实、不到位，将会挫伤学生们的学习信心与学习积极性，使探究性学习的效果大打折扣，甚至完全落空。

4. 探究过程的评价者

探究过程完成后要由教师对学生的探究过程进行评价和反馈，帮助学生进一步总结与提高。按照探究性学习的流程，探究过程结束后一般要先由学生个人或学习小组做总结，教师一般不是直接给出总结。学生通过一次探究性学习虽然能取得不小的收获，但他们毕竟是初学者，总结起来难免有片面甚至错误之处。通过全班的讨论交流，集思广益，取长补短，在一定程度上可以克服这些片面甚至错误之处。但是如果希望全班学生都能对当前的学习对象由此达到比较深入的理解与掌握——即对所学的知识点都能从感性认识上升至理性认识，做到不仅知其然，而且知其所以然，还需要教师的帮助与提高。教师毕竟对整门课程的内容和知识有比较全面透彻、深入细致的把握。

（二）学生的主体地位

根据建构主义理论，在探究式教学活动中必须确保学生的主体地位。换言之，学习是否有成效取决于学生在学习过程中的主体地位是否获得了保障。探究式教学模式因为采用"自主、探究、合作"的学习方式，所以在教学过程中特别强调学生的自主学习和自主探究，以及在此基础上实施的小组合作学习活动。一节课的教学目标主要靠学生个人的自主探究加上学习小组的合作学习活动来完成。由于在此过程中学生们的主动性、积极性、创造性都能普遍地得到比较充分的发挥，因而这种教学模式不仅可以较深入地达到对知识技能的理解与掌握，更有利于创新思维与创新能力的形成与发展，即有利于创新人才的培养。一般来说，学生的主体地位是通过这些角色得到体现的：第一，自主学习者；第二，探究发现者；第三，团体合作者；第四，积极参与者；第五，自我评价者；第六，观点分享者；第七，知识的生产者和思想的贡献者。

以教师为主导、学生为主体的课堂是能够焕发生命活力的课堂，使学生在这样的课堂中积极参与，表现主动专注，学习的目标性强。综上所述，"主导—主体相结合"的教学关系，是探究式教学模式最本质的特征。这种教学模式的成功实施涉及两个方面——既要充分体现学生在学习过程中的主体地位，又要重视发挥教师在教学过程中的主导作用。离开其中的任何一方，探究性学习都只能是虎头蛇尾、无功而返、无果而终。

三、探究式教学模式的实施步骤

探究式教学模式通常包含下面五个实施步骤：

（一）创设情景

创设情景不仅是教师导入教学主题的需要，也是激发学生的学习动机和自主探究动机的需要。教师创设情景的方法多种多样，可以设置一个待探究的问题，此问题的解决须运用当前所学的知识。也可以播放一段与当前学习主题密切相关的视频录像、举一个典型的案例、演示专门制作的课件、设计一场活泼有趣的角色扮演。当然，所有这些活动都应有一个先决条件——即必须与当前的学习主题密切相关，否则达不到创设情景的目的。教师通过上述各种方法创设能激发学生学习动机和探究动机的情景，学生一旦进入教师创设的情景，就可在情景的感染与作用下形成学习的心理准备，并产生探究的兴趣。

（二）启发思考

在学生被创设的情景激发起学习兴趣并形成学习的心理准备之后，教师应及时提出富有启发性而且能涵盖当前教学知识点的若干问题，但切忌提出一些有明显答案或明知故问的问题。让学生带着这些问题去学习和掌握有关的知识和技能时，这一过程也就是主动高效地完成当前学习任务的过程。在问题思考阶段，教师对于学生应当如何解决问题、利用何种认知工具或学习资源来解决问题，以及如何处理在探究过程中遇到的新问题等等，都应给出具体的建议和指导。学生则要认真分析教师所提出的问题，明确自己所需完成的学习任务，并通过全面思考形成初步的探究方案。

（三）自主学习与自主探究

在实施这一步骤的过程中，学生利用教师提供的认知工具和学习资源，或是利用在教师指导下从网上或其他途径获取的工具和资源，围绕教师提出的与某个知识点有关的问题进行自主探究。这类自主学习与自主探究活动包括：学生利用相关的认知工具去收集与当前所学知识点有关的各种信息；学生主动地对所获得的信息进行分析、加工与评价；学生在分析、加工与评价的基础上形成对之前所学知识的认识与理解，即由学生完成对当前所学知识意义的自主建构。在学生进行自主学习与自主探究的过程中，教师应密切关注学生的学习与探究过程，并要适时地为学生提供如何有效地获取和利用认知工具、学习资源及有关学习方法策略等方面的指导。

（四）协作交流

为了进一步深化学生对当前所学知识意义的建构，应在自主探究的基础上，组织学生以讨论的形式开展小组或班级内的协作与交流。通过共享学习资源与学习成果，在协作与交流过程中进一步深化学生对当前所学知识的认识与理解。教师在此过程中应为学生提供协作交流的工具，同时要对如何开展集体讨论、如何面对小组成员的分歧等协作学习策略作适时的指导，而且教师在必要时也应参与学生的讨论和交流，不能只做场外指导。协作交流的过程不仅是学生深入完成知识与情感内化的过程，也是学生了解和掌握多种学习方法的过程。

（五）总结提高

总结提高是实施探究式教学模式的最后一个步骤，其目的是通过师生的共同总结，来补充和完善全班学生经过自主探究和协作交流之后，对当前所学知识的认识与理解方面仍然存在的不足，以便更全面、更深刻地达到与当前所学知识点有关的教学目标的要求。在实施这一步骤的过程中，学生的活动包括讨论、反思、自我评价、相互评价；教师的活动包括点评学生的学习情况、提出与迁移拓展有关的问题并创设相关情景、对当前所学知识内容进行概括总结，以帮助学生了解当前所学知识点与其他相关知识点之间的内在联系。提出与迁移拓展有关的问题，可以要求学生应用所学知识去解决某个问题，也可以要求学生应用所学知识去完成某件作品。

第三节　信息技术与高校英语课程的课外整合模式

学科教学过程涉及三个教学阶段：一是与课堂教学环节直接相关的"课内阶段"，另外两个是课堂教学环节之外的"课前阶段"和"课后阶段"。因此，信息技术与课程整合的教学模式可以概括为"课内整合模式"和"课外整合模式"两种。本章的第二节中对信息技术的课内整合教学模式—探究式教学模式进行介绍和分析，本节将对信息技术的课外整合教学模式—研究式教学模式做重点介绍。

一、建构主义理念下"研究式学习"教学模式的内涵与特征

建构主义提倡在教师指导下的、以学习者为中心的自主学习。此种学习既强调学习者的认知主体作用，又不忽视教师的指导作用。教师是意义建构的帮助者和促进者，而不是知识的传授者与灌输者；学生不再是外部刺激的被动接受者或被灌输的对象，而是对信息实施加工处理的主体，是意义建构者。建构主义提倡在教与学的过程中用系统分析、共时方法和深层阐释去分析和解决问题，旨在用"全新科学模式"取代传统的教与学的方法，注重用辩证的方法进行教与学。

（一）"研究式学习"的定义

研究式学习是学生在教师指导下，从自然、社会或生活中选择、确定专题进行研究，

在研究过程中学生主动实施获取知识、应用知识、解决问题的学习活动。研究式学习是以问题为载体，以小组合作为形式，在活动过程中创设一种类似于科学研究的情景，让学生通过自己收集、分析和处理信息，感受和体验知识产生和形成的过程，培养学生发现问题、分析问题、解决问题的能力和创造力。作为一种学习模式，研究式学习不同于接受式学习，它具有自主性、交互性、实践性、开放性等特征。设置研究式学习的目的在于改变学生以单纯地接受教师传授知识为主的学习方式，为学生构建开放的学习环境，提供更多的获取知识的途径，鼓励学生将学到的知识进行整合、消化、吸收，最终应用于客观实践。在此过程中，教师还要注重培养学生的创新精神和实施能力。

（二）"研究式学习"的特征

研究式学习是 20 世纪 80 年代末在我国教育界广泛推崇和实施的一种全新的学习策略和学习模式。研究式教学指的是在建构主义教学思想指导下进行的一种教学和学习方法，要求在教学过程中，教师用科学的方法指导学生以研究的方法进行学习，并在教师指导下，学生充分发挥潜能去掌握知识，运用知识解决实际问题。同时，研究式教学模式要求教师具有创新思维和科学施教的本领，引导学生主动去发现问题、分析问题、解决问题，培养学生创造性学习的能力。目前，研究式学习以其实用性而广受关注。但是，研究式学习作为一种全新的学习理念仍处于探索阶段，对其理论指导意义及实践性还有待做进一步的系统研究。归纳起来，研究式学习有以下特征：

1. 强调学习的自主性

研究式学习强调学生的自主学习，通过自主学习来激励自己。学生可以根据自己的兴趣、爱好、个性、特长自主选择研究课题，自主进行课题研究，自主完成研究成果，自主交流与分享。在整个学习过程中，学生始终享有高度的自主性，学生是课题的提出者、设计者和实施者，而教师仅作为合作者、参与者、指导者和促进者存在。

2. 强调学习的交互性

研究式学习具有互动性，这种互动性是由研究课题和研究方式交互作用生成的，不同的研究课题和研究方式会生成不同的研究内容。交互性体现为师生之间、学生之间的互动，教师和学生在互动中共同完成学习任务和学习内容的建构。

3. 强调学习的开放性

研究式学习把学生置于动态、开放、主动、多元的学习环境中，打破了封闭式的学习状态，鼓励学生走出课堂，步入社会。这种开放式的学习，体现为活动过程、目标内容、问题解决、学习环境的开放性、多元性和动态性，为学生提供了更多的获取知识的方式和渠道。

4. 注重学习的实践性

研究式学习以学生的直接经验为基础，以丰富学生的直接经验为归宿，让学生自己动手实践，在实践中学习，在学习中实践。在活动过程中，学生通过查阅资料、社会调查、亲手实验、走访、实地考察等多种途径，获得各种有价值的信息，收获直接经验和亲身体验。

5. 注重过程及学生的体验

研究式学习注重研究的过程，而不是研究的结果；注重学生的意识、精神、创造性的培养，而不注重现成的结论。以活动的过程作为个体存在与发展的基本形式，强调学习活动化、活动过程化、过程体验化。学生个体的发展不是被动式接受，而是主动摄取，积极自主地完成建构过程。

6. 强调师生间的平等

研究式学习要求教师为学生创设轻松、融洽和愉悦的学习环境，使学生在学习过程中获得一个发现世界、探索世界的宽松环境，让他们主动思考，勇于问，敢于想，善于做。师生关系平等有助于双方感悟彼此的思维方式及看待问题的角度，增进了解，互相促进，共同提高，共同进步。

7. 促进创造性与潜在性的统一

研究式学习与传统学习的最大区别就是培养学生的创造性和创新意识。研究式学习是一个能动的创造性的学习活动，能够极大地激发教师和学生的创造热情，调动他们的积极性和主动性。教师注重的不再是知识的简单复制、粘贴以及对学生机械灌输。学生注重的也不再是死记硬背教师传授的"金科玉律"或是从书本中寻找现成的"标准答案"，而是经过思考、探究、综合运用相关理论知识，并把理论知识与实践有机结合，充分发挥自己的想象力、创造力，寻求带有"主观能动性"的解答。研究式学习是具有主观能动性和创造性的学习，它能够帮助学生形成发散性思维，激发教师和学生的创造热情及学习的积极性和主动性。

二、"研究式学习"教学模式的实施步骤

建构主义认为，学习是获取知识的过程，是学习者在一定的情景即社会文化背景下，借助他人（包括教师和学习伙伴）的帮助，利用必要的学习资料，通过意义建构的方式获得的知识，而不是通过教师传授得到的知识。建构主义教学实质上是一个研究和再发现的过程。通过不断的研究和再发现达到学习的目的。要达到学习的目的，就要有科学的学习方法。

建构主义理论强调以学生为中心，要求学生身份由外部刺激的被动接受者和知识的灌输对象转变为信息加工的主体、知识意义的主动建构者；而且要求教师身份由知识的传授者和灌输者转变为学生主动建构意义的帮助者和促进者。这意味着教师应当在教学过程中采用全新的教学模式，摒弃传统的、以教师为中心的教学方法，采用全新的教学方法，运用全新的教学设计理念，创设适应建构主义理论需求的学习环境、教学模式、教学方法和教学设计。建构主义理念下的研究式学习教学模式通常包含以下五个实施步骤：

（一）提出问题

在此环节中，教师通过创设问题情景激发学生学习与研究的兴趣，并由此引出当前研究式学习的主题——自然界或社会生活中有待解决的某个真实问题。

（二）分析问题

在此环节中，教师应该首先向学生介绍分析问题的方法，例如：由表及里、由浅入深、由近及远、透过现象看本质、客观事例归纳、换位思考、用两点论而非一点论看问题等诸多方法。然后再根据问题的性质和研究的需要教给学生相关的研究方法，如问卷调查法、文献调研法、案例收集法等，并对研究式学习的策略给出具体建议与指导。由于研究式学习的对象是自然界或社会生活中的真实问题，一般都比较复杂，因此，在此环节中，学生在"同化"与"顺应"过程中，教师应随时给予学生引导和帮助。

（三）解决问题

这一步骤通常包括两个子环节：提出解决问题的初步方案和优化解决问题的方案。在这个环节中，研究式学习的研究主体，可以是学习者个人进行自由探索和自主学习，即"自我协商"，也可以是学习小组集体进行探索和研究，即"相互协商"。通常情况下，提出解决问题的初步方案这个子环节由学习者个人在深入分析问题的基础上自主完成；第二个环节——优化解决问题的方案通常是学习小组成员"会话"与"协作"的成果。

（四）实施解决问题方案

为了节约学习成本，避免不必要的浪费，在实施解决问题方案的过程中，注意做好形成性评价，及时收集反馈信息，经常进行反思。根据真实问题的实施情况，随时调整或修正解决问题的方案。

（五）总结提高

研究式学习的总结包括个人总结、小组总结和教师总结。小组总结应以个人总结为基础，教师总结应以个人和小组总结为基础。教师的总结需要帮助学习者把对客观事物的认识由感性上升到理性，丰富与完善他们对科学概念与原理的认识，培养学习者全面、系统、完整地认识和理解问题，使每位学习者都能做到知其然，更知其所以然。

研究式学习是对建构主义教学方法中抛锚法的发展与完善，是建构主义理论广泛应用的产物。开展研究式学习，需要建构主义理论的指导；反之，研究式学习实践又会进一步完善建构主义理论体系，并为建构主义理论广泛应用提供实践经验。

三、对"研究式学习"教学模式下英语教学的反思

研究式学习的教学过程，使教师和学生都获益匪浅。以内容为依托的研究式学习一改传统教学模式的教师主体地位，激发学生的"主体"意识，学生从始至终积极参与学习。由于研究式学习注重学习过程，学习中学生持续进行"联系"与"思考"活动，把"新""旧"知识进行"同化"和"顺应"，结果是学生的创新思想和思辨能力得到强化，形成多视角、多元化、自主性的思考习惯。开展研究式学习需要学生之间相互分工与协作，通过课内外的协作性学习，学生的团队合作意识得到加强，人际沟通能力得到提升。这些能力的养成对于学生毕业之后尽快融入社会环境，建立良好人际关系，顺利开展工作是十分有益的。以下是针对研究式学习教学模式的实践所进行反思，拟从几个不同的方面分析和探讨这一教学模式实践的过程中需要注意的问题和环节。

（一）教学观念的转变和教师角色的定位

研究式学习教学模式与传统的以教师为中心的教学模式有很大不同，强调以学生为中心，提倡学生在教师指导下的自主学习。要改变学生的学习方式，首先要求教师的教育观念和教学行为必须加以转变，这是开展研究式学习的前提。为此，教师需要重新调整自己的角色，与学生建立平等的关系，为学生创设宽松、自由、民主、协作的学习环境，这是取得良好学习效果的保证。教师首先要把学生置于学习的主体地位，树立服务于学生的意识，创设能够引导学生主动参与的学习环境，激发学生的学习积极性。教师备课过程中也应该时时想着学生，从学生的水平、视角出发设计问题，引导学生开展学习研究。研究式学习对教师备课质量、内容要求更高，教师备课的重点是"备学生"而不是"备书本"。

研究式学习作为一种全新的教学和学习方法，其理论指导和实践内容是全新的，教师和教学管理者都应该得到系统培训，让教师和教学管理者在教学理论、教学内容、教学方

法及教学管理等方面得到全方位提升。从理论高度和客观情况出发，让教师和管理人员充分认识到了解、掌握、推广研究式学习的重要性和必要性。教育教师自觉主动地转变角色，从教学活动的主导者和包办者转换成教学活动的引导者和帮助者，从主角转向配角，从前台走向后台，为学习者服务，给学习者搭建自由发挥、自我控制、自我协调、自主学习的平台，为千里马提供自由驰骋的辽阔草原。

（二）学生的中心地位和自主学习

为了确保研究式学习的顺利进行，教学中做到以学生为中心，并不断提高学生自主学习的能力，教师必须对学生有全面细致的了解，这样才能在学习过程中从各个层面为学生提供细致入微的引导和帮助，对学生的研究式学习给予充分的支持。

以旅游英语课程为例，这门面向旅游英语专业三年级学生开设的专业英语课程采用全英语授课形式，以内容为依托，以英语为教学工具，以原版教材为核心教学内容。由于这门课程要求学生既要掌握旅游专业知识，又要提升他们的英语水平，因此学生面临着专业内容学习和外语学习的双重困难。课程讲授的初始阶段，学生中存在的畏难情绪较为突出。为了帮助学生应对课程初始阶段的困难与压力，根据每一个章节的内容特点，设计出导读内容，对于较为抽象、专业性强或容易产生歧义的概念先进行详细的介绍与分析，帮助学生解决他们自己无法独立解决的学习困难。然后再布置需要研究的问题，开展小组学习，组织讨论。同时，还要向学生推荐与研究问题相关的经典著作和重要文献，供学生研究学习，对课堂专业内容的巩固与延伸。

在学习的过程中，很多学生对于自己的外语能力信心不足，害怕学习内容难度过大，担心学习材料中会遇到大量外语生词、句法结构复杂难懂等。了解到这一情况后，利用第一、二两周的授课时间，首先对本门课程进行宏观介绍，把一些国际政治专业领域常用的、学生感到陌生的英语专业词汇、短语集中讲解，把国际政治理论常见的概念用英文加以介绍和分析，理清彼此之间的关系。之后，选择一至两篇较有代表性的英文专业文章提前发给学生进行课下自主研读，留待下一次上课时围绕该文章的内容展开讨论，讨论的内容主要涉及"是什么"和"为什么"的问题。通过事先用英语对专业内容和相关概念进行了讲解和分析，使学生从专业知识和英语语言知识方面做好了准备，学生对于这门课程的畏难情绪明显减少，为接下来的课程学习铺平了道路。

上述学习和讨论也为了解学生的英语语言水平提供了很好的平台。根据学生运用英语交际的能力和语言水平，把全班学生按照英语语言水平进行分组，确保每个小组的语言水平基本相近，各组内学生的语言水平高低达到基本平衡，这样做的好处是有利于后续自主性的研究学习顺利开展。可以说，研究式学习方式取得成功在很大程度上取决于教师对学生的了解程度。

以学生为中心，还体现在每一个学生在学习过程中受到关注与帮助。在教学实践中发现，研究式学习方式适合于小班授课。如果班级过大，学生数量过多，就难以保证每个学生都有平等机会参与到同一个教学内容的全部探究过程，容易在学生中形成"中心"和"边缘"地带。这是因为学生的语言和知识水平存在差异，好学生在学习中会表现得更加积极主动，这势必会造成水平较低、性格内向的学生成为研究式学习中的"看客"，使他们在研究式学习中被"边缘化"。如果把班级人数控制在合理的范围，这一不良后果就可能被避免。

（三）教学机制和学习资源的配套建设

研究式学习教学模式的推广和完善是一个系统工程，这一教学模式的确立不但需要任课教师的参与和投入，同时也需要学校其他管理部门的支持和配合。从课程体系的角度看，开展研究式学习要以研究式课程体系的确立为前提，因为研究式课程是研究式学习方式的载体。确立课程体系首先要明确研究式学习的首要目标，是培养学生的创新意识和自主学习能力，强调知识学习的综合性、过程性、创新性和应用性。从教学评价的角度看，研究式学习需要建立配套的形成性和过程性评价体系，注重对学习者实际能力和综合素质的考查。

从研究式课程的内容看，课程提供的知识应具有交叉性、前瞻性和多元性等特点，这就要求教师具备丰富多元的知识结构，通常在精通一门专业的基础上还要再精通一门外语。而教学模式的多元性、开放性，则要求教师在内容选择、时空安排、资源配备、研究方法等方面要为学生提供更大的灵活度。可见，建构主义理念下的研究式教学对教师的素质和教学基本功提出了更高的要求。为了提高教师的综合素质与教学能力，要鼓励教师开展研究式学习的教学实践，聘请专家学者对教师定期进行培训，挖掘多种渠道让教师走出校门，接触社会，接触生活，开阔眼界，掌握学科发展变化的前沿性信息，拓展研究式学习资源渠道。

建构主义理念下的研究式教学模式非常重视学习环境的创设和学习资源的开发，提倡信息技术与课程的整合。为此，教师要掌握相应的专业知识和现代信息技术，为学习者提供研究式学习所需要的情景资源、信息资源、研究手段。在研究式学习的教学过程中，教师要具有信息安全意识，注意引导学习者区分信息的优劣，取其精华，去其糟粕，抵制网络和媒体可能对学生造成的不良影响。信息化的教学需要现代科技的支持，而校园网络、多媒体和计算机系统等硬件学习条件的创造，需要学校教学管理部门的配合与支持。此外，教学管理者应该从教学目标、教学模式和评价体系等方面推进教学改革，制定相应的考核、奖励机制，鼓励教师进修学习，更新专业与相关技术知识。教学管理者应该具有可持续发展的眼光，和在职教师协商制订周全详尽、切实可行的进修学习计划，尤其要积极倡导和鼓励教师开展跨学科学习，提高教师的教学科研水平与综合素养，以适应研究式学习过程中不断出现的新需求，使教师能够在教学中为每一位学习者提供科学正确的引导和帮助。

  总的说来，面向非英语专业学生开设专业英语课程，是高等教育改革的一项重要内容和发展趋势，顺应了经济全球化和高等教育国际化的要求。它既是大学专业课程国际化的一种形式，也可以被看作是对高校英语教学模式的革新与发展。目前，英语作为国际通用语的作用日益显示出来，开设专业英语课程的目的就是将专业内容的学习和外语学习有效结合起来。通过学习原版教材和专业领域相关的英文资料，为学生提供接触专业英语的平台，使学生了解专业前沿学科的发展状态，同时也增强英语的实际运用能力。以专业内容为依托、以英语为媒介语的学习方式，能够有效帮助学生掌握收集和利用第一手研究资料的方法，开阔学术视野，培养创新思维，提高思辨能力，发展自主学习能力，并最终使他们成长为社会需要的复合型、创新型、高素质的国际化人才。

第七章　高校英语微课教学模式创新研究

第一节　高校英语微课教育模式研究

一、微课的定义及特点

（一）微课的定义

在国内，随着微课实践的不断丰富和相关研究的逐步深化，人们对微课的认识也越来越深刻、全面，众多教育行政部门、教育企业、教育学界的专家学者都对"微课"一词给出了定义。

1. 教育部教育管理信息中心的定义

"微课"的全称为"微型视频课程"，它是以教学视频为主要呈现方式，围绕学科知识点、例题习题、疑难问题、实验操作等进行的教学过程及相关资源的有机结合体。

2. 教育部全国高校教师网络培训中心的定义

微课是以视频为主要载体，记录教师围绕某个知识点或教学环节开展的简短、完整教学活动的教学资源。

（二）微课的特点

微课具有以下 8 个主要特点：

1. 教学时间较短

教学视频是微课的核心组成内容。根据中小学生的认知特点和学习规律，"微课"的时长一般为 5 ~ 8 分钟，最长不宜超过 10 分钟；本科与高职的微课一般在 15 分钟左右，最长不宜超过 20 分钟。因此，相对于传统的 40 分钟或 45 分钟的一节课的教学课例来说，"微课"可以被称为"课例片段"或"微课例"。

2. 教学内容较少

微课不同于传统的课堂教学，其在实际教学中主要针对特定的主题以及教学重点来展开。这更加便于教师对主题进行教学。微课存在的价值是为了突出课堂教学中所要表达的重点以及难点问题，通过聚焦的方式进行二次学习，这样就可使所要教学的课题更加精练，同时也便于学生的学习和理解。

3. 资源容量较小

微课主要通过视频以及其他辅助教学硬件来展开，例如，一堂微课在电脑上所占用的空间只有几十兆字节，同时可选择的视频格式也非常丰富，几乎涵盖了所有的媒体格式，这样师生在进行教学以及学习的过程中就方便了很多。同时资源量小的微课资源也非常便于储存和携带，通常一些常用的存储设备都能够很容易地进行储存和转发，这样更加方便了教师的讲课以及学生的学习。

4. 资源构成"情景化"

微课采用的教学形式非常多样化，同时其所要表达的教学内容也非常明确以及完整。视频片段的播放方式以及多样化的多媒体素材等，更加容易使教学内容变得情景化，从而加深学生的认识以及理解。教师在进行微课教学时利用情景化的教学课件，更容易将学生带到教学情境中。这样学生将会更加真实和具体地体会到教学中的内容，同时这种教学方式还能够锻炼学生的思维能力以及感知能力。长期的微课教学同样可以提高教师的技能以及专业能力，从而提升课堂教学质量。学校同样可以针对微课进行教学改革，利用微课带来的优势弥补自身在教学模式创新方面的弱势，从而增强学校的影响力。

5. 主题突出，内容具体

微课通常表现的主题非常精练。这就体现出了微课具有主题突出、内容具体的特点，通过对单一问题以及难点进行概括及深入讲解，可以加深学生对于知识点的理解，同时微课在解决一些如学习策略、学习方法等非常具体而明确的问题时具有非常积极的作用。

6. 草根研究，趣味创作

微课以短小精悍而著称，正因为如此，人们可以仅仅针对自己感兴趣或者自己专业所学来进行制作，所以微课被越来越多的人所研究和制作。微课因教学而存在。这就说明微课中所要表达的内容一定是与教学相关的，是在表达一些教学方法以及教学内容，而不是专业的去论述某一个观点或者学术内容。

7. 成果简化，多样传播

微课所表达的内容非常清晰、完整，而且微课所表达的主题非常突出，所以微课的教学内容很容易被学生理解和学习，并且因为微课采用的形式比较前卫，所以微课的传播方式非常便利且多样化。

8. 反馈及时，针对性强

微课教学内容少，而且教学时间短，教师在教学结束后很容易能得到学习者对于教学内容的反馈。同时微课的作用是进行教学辅助，从而使得教学内容更加具有针对性。

二、微课教学设计模式研究

（一）教学设计与微课教学设计

教学设计是教师在进行教学活动之前，根据教学目的要求，运用系统方法，对参与教学活动的诸多要素所进行的一种分析和策划的过程。简而言之，教学设计是对"教什么"和"如何教"的一种操作方案。

教学设计必须依据授课目的及效能，从整体上考核授课过程中的各个环节以及中心内容，同时对整体和局部进行调整，以便于设计周期短、中心准、内容关键的课程。

影响微课质量高低的首要因素就是微课的教学设计。合理的教学设计是保持学生注意力的最佳方式，其次才是微课的表达形式。

针对重难点知识，微课教学设计应使微课具有高内聚、低耦合的特点。内聚就是指微课内部各个知识模块之间关系的紧密程度，耦合就是各个微课之间的知识关联的紧密程度。所以，高内聚要求单个微课描述的知识要紧凑、要独立，低耦合则强调了微课与微课间的联系要少，这样才能使学习者更容易明白。针对综合知识的微课教学设计则要加强知识之间的联系，使学生能够综合运用所学知识。

（二）微课教学设计的模型构成

教学设计的系统模型在微课中的应用，结合高校英语教学的特点以及人们对教学设计过程模式的理解与认识，从而形成了微课的教学设计模型。

1. 学习需求分析

授课体系有特定的目的。授课目的明确，有利于对授课体系情景进行解析。教师需要按照多方的教学体系情景条件去明确授课体系的目的。这是制订授课计划的思维点。

由上可知，教师在制订授课计划前，一定要对授课体系的情景进行解析。这一过程就是学习需求分析。只有理性解析学习需求，才能明确授课计划的目的。教师在进行学习需求的解析时，一定要处理解决好教师"教学的目的"、学生"学习的目的"这些关键问题点。

2. 科目分析

依据授课目的的指向，不同年级、不同学校有不同的培育目的，不一样的科目有不一样的科目目的。教师应依据科目目的，明确科目的条件，选择授课素材。基于此，教师应按照科目的综合目的，明确部分目的，在明确过程中，重点分析学生应该习得什么学识及能力，实现怎样的目的及水准甚至得到怎样的技能及心态，让自我的身体和心理获得什么样的进步。科目分析和学生需求分析息息关联,教师不但需要思考怎样授课,还需要思考学生如何习得全部知识。概而言之,教师在进行科目的分析时,一定要处理教师授课内容、学生学习内容这两方面的问题点。

3. 授课目的的设计

教师应基于学生需求、课程及学生自身的情况,制订相应的授课计划。授课体系方式及当代授课论点的重要内容包括:授课目的需要在授课之前得以确定,授课计划需要教师解释清楚学习成效,且用实际的、确定的专业用语来表达;授课前,教师一定将授课目的清楚地传达给学生,让学生都了解并明白授课的目的,授课要松弛有度。相关学术研究人员表示:应该按照学生经过一段时间的学习之后希望完成的方式明确授课目的;清楚详细的授课目的有助于授课战略的确定及授课媒介的抉择,而且为授课评价提供了根据。

4. 授课策略的设计

在明确了授课目的后,教师也应明确授课策略。人们通常把授课策略解释成在不一样的授课环境下,为了实现不一样的授课目的而使用的形式的总体。

授课策略可分为两类,即普遍性授课策略和具体性授课策略。其中,前者指的是和详细的科目学识及技巧能力的授课息息相关方面的策略,如动力推进策略、主动学习策略等;后者指的是与实际学识及技巧授课方面有关的策略,如写作授课策略、英语读写授课策略等。

尽管在实际应用的方面,授课形式、授课策略还有授课方式间的关系并不明确,可在学术界,有人认为,相比较而言,授课形式居于高层,决定着授课策略、授课方式;授课策略比授课方式要详细、实际很多,被授课方式所约束。在某种授课方式中,能够同时使用很多授课策略;而且,相同授课策略能够应用于多种授课方式中。

授课策略为达到授课目的的关键方式,属于授课计划研发的关键部分。授课策略主要涉及科目的种类及构架、授课的程序、授课行为、授课方式、授课时间等方面。一言概之,授课策略主要处理教师怎样进行教学及学生怎样学习的问题。

授课策略的设计应该考虑许多方面。教师一定要巧妙地计划各方面,合理地利用多方元素,来充分发挥授课策略的功能。

5. 授课工具的设计

以前,教师使用的授课工具主要是黑板及粉笔,但当代科学技术的发展使得教学工具日新月异。因此,可供选择的授课工具变得多样化。

教师不但需要选择授课工具,还应该根据实际情况去规划授课工具。授课工具的规划要以授课的事实情形及详细条件为根据,把授课方式转变成纸质抑或音频之类的便于使用的方式，将课程完全呈现给学生，让学生可以消耗较少的精力，通过简单、方便的方法，取得高成效。

6. 微课授课过程的设计

授课过程设计应简单地表述授课的经过，简洁地阐明元素间的彼此联系，更形象地阐明授课经过。这便于教师进行授课。

（三）微课教学设计中可参考的授课策略

1. 自主学习策略

自主学习策略的中心点为发扬学生自主学习的踊跃性，充分发挥学生的主观能动性，出发点在于怎样辅助学生高效地学习。所以此种授课策略的详细方式尽管很多，可自始至终横贯着一个中心点。因此，人们一般将此种授课策略命名为自主学习策略。但是，实际的应用中问题不断。

学生在主观上积极进行学习的形式多样。一些看似主动的学习形式，实际上忽略了授课素材的特点等方面，只是追求方式方法的多样化，忽视了推进学生价值建设的关键目标。所以，自主学习策略强调以下几点：

（1）重视人的设计。

（2）目标明确。

（3）重视教师的指导。

2. 协作学习策略

协作学习策略按照团体、组队的方式，协调学生之间的合作关系，来达到某一特定的教学目标。在协作学习的过程中，学生要彼此配合，营造和睦的氛围，针对一个问题从多个角度去研究。学生要学会分享资料，一起担负学习的任务，一起体会成功的快乐。一般常用的策略为角色扮演、讨论等。

教师在设计协作学习策略以及协作学习过程时，要注意以下几方面：

（1）组建合适的协作小组。教师应让学生组建一个团队。小组成员之间应互帮互助一起进步。所以，组建一个人数合适、层级分明的合作团队对协作学习十分关键。若人数不合理或组内人员配合不当，就会导致学习成效大大降低。

（2）学习主题应具有挑战性，问题应具有争论性。协作学习的主题可由教师指定，也可由学生自己提出。学生共同处理的问题可为关于主题并可以引发争论的原始题目，可为升华主旨的题目，也可为稍微超纲的题目。问题是否具备讨论性，与是否需要进行协作学习相关。

（3）重视教师的主导作用。教师的参与对协作学习的效果产生重要影响，教师需要给出具有争论性的题目和评判的形式。在此过程中，教师需要重视每个学生潜能的发挥，对于表现优异的学生要给予奖励，而对于跑题或者解答有误的学生就需要进行积极的指导，辅助其进行解答。而对于学生在辩论的过程中表现出的对于某种定义或见解的不确定或错误的问题，教师需要通过恰当的方法来指导学生。在全部的协作学习的过程中，教师需要给出合适的点评。

三、微课在高校英语教学中的应用探索

微课是一种全新的数字教学形式，依托网络平台展现课堂教学中的精华部分。英语学习非常需要学生在平时进行积累，微课能够让学生在任何时间、任何地点反复学习。而教师也能够通过观看微课进行对比纠错，提升自身的课堂教学水平。可见，微课是一种非常有价值的辅助英语课堂教学的教学方式。然而，由于微课产生的时间非常短，教师对于微课在英语教学中的应用还存在许多问题，针对这些问题，提出相关的对策建议，提升微课在英语教学中的有效性，对于提高学生英语学习的效率有着重要的作用。

（一）微课在高校英语教学中开发及应用的基础和意义

1. 微课在高校英语教学中开发及应用的基础

（1）与传统的英语教学对比而言，微课对高校英语教师的水准及高校对于其技术信息的使用要求都会高很多。高校英语教师可以适应微课授课方法的要求，更好地接纳新生产物及数字化信息传达方法。很多高等学府都进行了英语授课方面的革新，教师大都具有应用电子产品的技能及电子资源创作的技能。并且高校英语教师大都较为年轻，易于接受新鲜产物，有革新的想法及创造的能力。

（2）在大学学习的学生都有较强的自我学习能力，可以在一定的目的指引下踊跃学习，并且多数学生还有在英语方面主动学习的积极性，期待着提高自己的口语表达及日常口语使用能力。

（3）有些大学学生的英语底子较好，并具备一定的英语方面的日常口语表达能力，或可以使用英语进行交流，所以在微课方面的学习根基会稳固一些。而微课可以让学生根据自身的学习情况去自主地选择自身所需要的学习内容。学生可以全面依据自身英语方面的情况选择适用于自身的内容来提高英语方面的技能。

2. 微课在高校英语教学中开发及应用的意义

微课将高质量精短的视频授课素材当作根基，全面地展示数字化信息科技时代的优

点，所以它在多个领域内得到了推广使用，并高效地促进了多区域教学行业的发展。我国高等学府引入该授课方法，顺应了社会经济进步的潮流，满足了教学发展的需要。高校英语教学也应该改变老旧的授课方式，并且把学生自身的学习需求纳入授课计划里，通过应用多种、丰富的科目素材引起学生学习的兴趣，而且可以适当减少英语解说的时间，使学生可以在高校的指引下主动学习、主动解答。其授课方法的使用适应英语方面授课的需求，并可以使学生在短时间之内掌握所学内容的关键点，还可以使学生主动将学习时间安排好，与教师、其他学生进行全面的沟通。此类将解答作为目的、促进学生自主学习的授课方法可以满足学生各自的学习需要，从而体现了其高效性及适用性。

（二）微课在高校英语教学中开发及应用的实践路径

1. 依据学生实际需求，合理设定微课内容

教师应该根据学生学习语言的具体需要来确定微课的开展方式，教学的内容须合理而丰富，以便获得预期的教学效果。高校学生学习语言的需求主要有两个方面：一是学习一些英语课程的基础知识；二是提高自身使用英语的技能。教师可以以此为目标来设计微课。针对学生学习基础课的需求，微课中要包括大学四、六级考试的相关内容。教师应根据高校英语的教学目标，按不同的内容和顺序来设计微课的内容，如语义知识和篇章结构知识。

对学生进行听力、口语、阅读及写作能力的培养也是高校英语教学的目标，教师应该据此目标制作一些相关的微课视频，以方便学生根据自己的需要来选择学习内容。将微课引进教学过程后，教师应当及时建立起一个方便、快捷的交流平台，引导学生在这个专用平台上开展交流，讨论遇到的问题，从而潜移默化地提高他们参与微课的热情。

2. 重视媒体资源的选择，做好微课权利保护

微课的教学视频是微课重要的教学资源，所以必须符合制作精良、选择准确、共享便捷的要求。视频类资源是微课视频的制作基础，目前我国网络上的各类视频资源质量良莠不齐，因此需要制作者针对大学英语教学的需要进行精心的筛选，努力制作出质量上乘、丰富实用的微课视频，让微课教学健康有序地在高校英语教育中发挥应有的作用。

从法律层面来看，我国的互联网资源在产权保护及共享方面还缺少严格而周密的相关规定。因此，高校和教师都应提高这方面的意识，在积极投入人力、物力、财力，加快制作微课视频的进度的同时，也要注意保护好属于自己的微课视频的著作权。只有做到发展和保护并举，高校英语微课教学才能沿着健康高效的道路前进。

3. 重视教学经验总结，完善高校英语微课教学模式

在高校英语教育中引进微课的形式，对于促进高校教学改革意义重大。在高校英语教

学中推广和运用微课的模式可以推动微课研究的深入开展。学校和教师应当从微课的教学实践中总结经验，不断更新微课的授课内容和教学方法，在教学的过程中发现问题、解决问题、积累经验，争取创建并发展一套科学实用的微课教学理论，并使之成为微课教学不断取得进步的基础。直接面对学生的教师应当结合自己的角色优势，边摸索、边分析、边总结，将把自己的教学实践经验同微课的教学理论结合起来，努力探索新的、可以与微课相辅相成的教学方法，使微课教学的优势充分发挥出来，使高校英语教学改革稳步向前推进。微课具有便捷、开放、活泼、丰富的特色，这种教学模式可以成为大学教育的一种新思路和新方式。在制订微课教学计划时，教师不仅要使之与教学目标和计划相符，还要考虑学生学习语言的需求，对课程做出合理的安排，建立起可供学生交流互动的优质平台，以获得预期的教学成效，使得高校英语教育变得更具实用性。

（三）微课在高校英语教学中的应用环节课、课后反馈

微课在高校英语教学中的应用过程由三个环节构成——课前准备、课中授课、课后反馈。

1. 课前准备

在此期间，教师主要应从三个方面进行准备。首先，根据全班学生英语的基本情况拟订一个科学合理的学习计划，要充分利用学生的闲暇时间，让学生在课前一边观看微课，一边确定一种适用于自己的学习方式。这样他们在未上课之前就已经体会到浓浓的学习氛围。其次，通过所制订的学习方案，让学生清楚地明白本堂课的教学重难点，再根据学生英语学习的基本情况，编写一个容纳所有教学重点的导学案，以此来激发学生的学习热情，让他们积极投入学习中来。最后，要在备课的时候认真钻研教材内容，预先勾选出教学中的重难点，让学生在课前就翻阅资料进行预习，挑出某些内容可能涉及以前学过的句型、语法，并让学生对其进行复习，以加深印象。

2. 课中授课

这一阶段主要有四部分内容：

（1）导入课题。这一部分尤为重要。只要导入成功，就可以大大提高学生的学习热情。所以教师可以用讲故事、说笑话、做游戏这样的活动切入课题。

（2）借助微课来讲解本堂课的具体内容。通过由浅入深的分析，教师应将所授内容进行归纳整理，以帮助学生对知识点的掌握。

（3）借助做习题的方式让学生加深印象，并且将所学知识用于实际。教师能通过这种方式来检查学生对知识的掌握情况，对于出错率高的知识点应该再次讲解分析。学生也

能通过做题了解自己知识的薄弱点，并可以选择当堂询问教师，也可以选择课后去学习理解。

（4）知识延伸。首先，教师为学生解惑释疑；其次，回顾本堂课的重要内容，再借助做习题的方式检查学生对知识点的掌握情况；最后，在学生已经熟练掌握所学知识的条件下，让其进行更高层次的知识的学习，开阔学生的视野，拓宽学生的知识面。

3. 课后反馈

这一阶段主要有三部分内容：

（1）课后的作业布置。教师应在下课之后布置与课程内容相关的题目，以检查学生对教学内容的掌握情况。

（2）学生的自主温习。学生如果在课内有未能消化理解部分内容，可在课后找到相对应的微课视频进行再次学习；当然，在温习功课的时候也可以选择再次浏览微课视频。这样做不仅能帮助自己梳理所学知识，还能再现课堂内容，加深印象。

（3）学生的互动讨论。学生若在学习上遇到困难，可以借助微课视频和同学们进行探讨。通过讨论这个环节，学生不仅解决了问题，还巩固了知识。

总而言之，微课是通过影像的方式展开教学的，它具有简短精练、运用方便、传递知识快捷等特征，成功战胜了传统的灌输式教育模式，提高学生的学习热情，让他们在英语学习上化被动为主动。微课的诞生将颠覆传统的教学模式，它将知识要点放在一个教学视频内，虽然教学内容少，但重点突出，具有针对性；虽然视频时间短，但把时间交给了学生。学生只要在这短短的几分钟内认真观看视频，就能掌握基本要点，其后的时间可以自主钻研。它真正做到把课堂还给了学生。

四、高校英语教学中的微课教学模式

（一）开门见山式微课教学模式

1. 开门见山式微课简介

开门见山表示直接点明主题，不拐弯抹角。开门见山式微课即教师在微课开始时就直接介绍本节微课的主要内容与学习目标。这种开讲方法能够引起学生的注意，便于其抓住本节课的知识脉络。通过对本节重点概念或关键问题的简介，引入知识内容，既突出了授课的重难点，又是一种微课知识引入的良好方式。

在开门见山式开讲方法上，微课与传统授课的过程还是有区别的，即微课会省去课堂语言。

2. 开门见山式微课教学模式设计

开门见山式微课通常直接切入主题，教学内容简洁明了。在开门见山式微课教学模式设计中，知识点的引入要能直接引起学习者的注意；知识的讲解要紧凑；教学媒体的选择要适合表现形式；教学总结要突出重点。教师还可以设置一些问题，以检验学生的学习效果。

3. 开门见山式微课的适用对象和教学活动

开门见山式微课直接点明主题，明示讲解的主要内容与学习目标。这种模式能够引起学生的足够注意，便于其抓住本节课的知识脉络。这种模式适用于善于主动学习的学生，或者目标明确、积极向上的学生。

开门见山式微课适用于课程的概念阐述、重难点解析和疑点解析。

（二）情境式微课教学模式

1. 情境式微课简介

情境式微课即发生在特定时间、特定场合下的微课。情境可以是一种社会环境，与每个人的个体有着紧密的联系；情境也可以是一种心理状态，关乎着个体在社会事实作用下的心理状况，因为不同的环境和空间对每个个体有着不变化，专门指代能够引起个体心理变化、情感表达、思维感知的特定环境。因为英语学习者在学习的过程中，可能会受到社会层面或个人层面的情境的影响，所以教师要用真实情况中的各种问题对学生进行思维的启发，让学生在不同的情境中有不同的思考。情境给学生带来了学习与思考的创新空间，刺激了学生在学习过程中的智力发展，是一种能引导学生发现问题、解决问题环境或信息源。

课堂的引入要重视创设情境、设置任务，要激发学生的学习兴趣，关注学生的内心体验与主动参与，把学生带入与教学内容有关的情境中，让他们在情境中捕捉各种信息、产生疑问、分析信息并引发各种设想，引导他们在亲身体验中探求新知，开发潜能。

2. 情境式微课教学模式设计

在情境式微课中，情境的创设要贴近生活，以吸引学习者，使学习者产生共鸣。

知识的讲解要注意层次性，注重引导学习者、思考。教学媒体的选择要契合表现形式，注重直观形象。问题的讲解要注重情境的延续性，最终使学习者要解决情境中的问题。教师在进行总结考核时最好设置一些问题，来检验学生的学习效果。如果学生存在没有掌握的知识，可重新对其进行学习。

3. 情境式微课的适用场合

生活展现情境能使学习者直接地感知目标，易于在观察中启发学生进行想象，适用于认知类、思政类和素养类课程。音乐渲染情境适用于大学语文、大学美育、体育类课程。表演体会情境适用于情景剧式课程。在语言描绘情境中，语言要具有主导性、形象性、启发性和可知性，比较适用于素养类、讨论式的课程。

（三）探究式微课教学模式

1. 探究式微课简介

探究式微课是指教学过程中，在教师的启发诱导下，以学生独立自主学习和合作讨论为前提，以某个知识点或者技能点为基本探究内容，以学生周围的世界和生活实际为参照对象，为学生提供充分自由的表达、质疑、探究、讨论问题的机会，让学生通过个人、小组、集体等多种解难释疑尝试活动，将自己所学的知识应用于解决实际问题的一种课程形式。探究式微课旨在让学生像科学家进行科学探究一样在探究过程中发现科学概念、科学规律，培养学生的探究能力和科学精神，引导其找到解决问题的方法。具体包含两层意思：一是从教师角度来看，即探究式教学；二是从学生角度来看，即探究性学习。在教学过程中，教师和学生的作用是相互的、不能分开的。

探究式微课教学模式，就是在探究教学理论的指导下，以教学实践和教学经验的探究为基础，培养学生探究能力、探究精神、科学态度、学习方法，由不同模式的探究方法组成的一种教学策略和教学活动，这种教学模式不仅有理论上的基础研究，还有教学目标、教学条件、实践程序等操作过程。

探究式微课需要师生同时参与进来，教师和学生一起探究教学活动，其目的并非培养少数的精英和人才，而是培养有素养、有科学意识的公民。教师在开展探究式微课教学模式时要注重学生的存在，以学生为中心来开展智力培育和情境交流活动，通过学生的不断探索来获取知识。在学生探索的过程中，教师要辅导学生解决问题，不仅要以学为中心，更要以学生为中心。这种教学模式有助于对学生的素质教育和创新能力培养，并且符合基本的认知规律和自然科学的发展。探究式微课教学有以下几个特点：

（1）教学过程的主体性。探究式微课教学模式突出了学生在教学过程中的主体地位，教师主要应指导学生进行自主探索和自主研究，鼓励学生的大力参与和充分研究，让学生更好地发挥主体地位的探究作用。

（2）探究学习的自主性。在探究式微课教学中，学生在教师的指导下自主参与教学的全过程，只有依靠自己的自主研究，才能获取相应的知识内容。单纯的知识灌输将不复存在。

（3）情境创设的问题性。科学探究需要有出发点和动力来刺激推动，提问就能起到一定的推动作用。在教学过程中，教师对学生提出丰富精彩且有挑战的问题。这可以促进学生的积极互动和交流，提升学生的问题意识，提高学生的思维创造能力。探究式微课教学要以问题为核心和导向，以有趣的问题、符合学生兴趣的问题来拓展学生的思维，平衡好学生喜好和教学任务之间的关系，充分关注学生内心动态。

（4）信息交流的互动性。探究式微课教学注重学习过程中的交流与互动，既包括小组之间的交流，又包括全班的互动交流，不同于以往的传统教学模式，探究式微课教学模式强调师生之间以及学生之间的互动交流，让教师与学生在课堂里互相沟通、进行有效互动，共同构成学习的小团体。师生之间的互相学习也能促进每名学生表现自我、挖掘自我，让学生在学习过程中能够有更多的机会发挥优势和特长，激发其学习的动力。

（5）师生关系的和谐性。探究式微课以学生为中心和主体，以师生之间的交流合作为基础，致力于营造积极、活泼向上的课堂氛围。教师与学生之间的关系是平等的朋友关系，是民主的学友关系。教师传授讲解是为了让学生更好地理解，方便学生更好地学习。这种氛围下的教学可以促进学生更快进步，激发学生的学习主动性和积极性。不同于没有师生沟通交流的生硬和死板性课堂，这种模式下的课堂感染了师生彼此的心境，防止了学生产生厌学情绪和排斥情绪，大大提升了学生的积极性。

（6）教学要求的针对性。不同的学生之间也会存在着差异。每名学生的出生环境、教育背景、心路历程、学习态度、后天努力程度甚至先天情况都会对学生有着不同程度的影响。这种情况下，传统的教学模式并不能区分学生之间的差异性，导致学生之间的获得感相差甚远。对于一些学生能够轻松掌握的知识内容，另外一些学生却感到吃力。这导致了两极化的形成。探究式微课不同于传统的教学模式，它将学生分成不同层次来有针对性地创建教学任务，更有针对性地培养学生，实现了课堂的最高效率化。

（7）教学评价的激励性。以往的教学模式是教师单方向评价学生，而在探究式微课中，教师与学生之间通过互相评价、自我评价、组合评价等构成评价模式。该评价模式可以促使学生进步和提升，大力开发其潜力。评价可以促使学生自我感知，尤其是表扬性质的评价和教师对于学生的评价可以促使学生取得更大进步。因为不同程度的表扬和不同情况下的表扬，都能帮助学生产生自我满足感。

总之，探究式微课教学模式设计就是指教师通过适当地将知识点与技能点结合起来，创设生活中与专业相关的教学情境，以问题为中心，采取合作交流的方式，引导学生通过实验、观察、操作、调查、信息搜索等方式，让学生自主地解决问题的教学设计。

2.探究式微课教学模式设计

探究式微课是一种以学生为中心的教学模式,主要强调学生主体地位,倡导学生自主、合作、科学的学习方式与策略。然而,微课教学模式设计因为以教师为主要讲解者,所以强调教师的角色扮演问题,应既可以让学生提出问题,又可以让教师扮演学生角色提出问题、探究问题、解决问题。探究式微课教学模式设计包括提出问题、产生假设、验证假设、总结结论四个环节。

(四)理实一体式微课教学模式

1.理实一体式微课简介

理实一体式微课即理论实践一体式的微课教学模式。其突破以往理论与实践相脱节的现象,教学环节相对集中。它强调充分发挥教师的主导作用,通过设定教学任务和教学目标,让师生双方边教、边学、边做,全程构建素质和技能培养框架,以丰富理论教学与实践教学环节,提高教学质量。在整个教学环节中,理论和实践交替进行,直观和抽象交错出现,没有固定的先实后理或先理后实,而在理论中有实践演示,在实践中有理论的应用,突出学生动手能力和专业技能的培养,可充分调动和激发学生的学习兴趣。

理实一体式微课中主要运用讲授法、演示法、练习法的教学方法。

(1)讲授法。课堂上的讲授法很重要,是指教师通过不同项目的演示操作,以及对相关内容的总结,来提出相应的概念和理论基础;同时又要以教学内容为出发点,不但要突出重点,更要按照系统的顺序来进行教学活动。讲授法通过"提出问题—分析问题—解决问题"的方式,做到由简入繁,不但服务于知识结构本身,也符合学生自身的学习规律,并能使学生对专业知识有深刻的理解。

(2)演示法。教师通过演示法将理论与实践相统一的教学过程中的实验操作展现在学生面前,以此来使学生获得更为清晰正确的知识内容。它不但可以使学生学到清晰正确的知识,也会不断深化学生对所学知识内容的理解,将抽象的理论与实践结合起来,以此来协助学生形成新的观念,学习新的技能。同时教师也应准备好相应的教学工具。

(3)练习法。练习法是指学生学习完理论课之后,在教师的指导下进行操作练习,从而掌握一定的技能和技巧,通过操作练习来验证理论知识,系统地了解所学的知识,练习时一定要掌握正确的练习方法,注意操作安全,提高练习的效果。同时,教师也应认真进行学习指导和学业监督,如果发现错误,及时进行纠正,以此来确保练习的准确性。教师应对每一个学生进行实际的观察并做好笔记,以此来提升学生的学习效果,而对不进行实际操作的学生,要让其在旁边认真观摩,并指出相应操作中的错误,教师可以对学生的所学内容展开询问，并以此作为学生学业测试的考核分。

将理论与实践结合为一体的教学模式是为了实现教学与实践的协调统一。采用理实一体式的教学模式，一方面，能够提高教师的理论能力和提升教师的理论水平；另一方面，教师将理论知识应用于教学实践中，让师生的关系更为紧密，以此打破师生间的隔膜。不仅能极大地激发学生的学习热情，还能培养学生的自学意识，取得出人意料的学习成果。

2.理实一体式微课教学设计模式

理实一体式微课打破理论与实践相脱节的现状，教学环节相对集中。基于理实一体式的微课教学模式设计注重讲授与演示，而对于练习环节，则要结合学生所学专业的情况而定。如果实训项目过大，建议开发系列微课或者专题微课。实训类微课可以加强知识的联系与应用，也可以采用抛锚式或者探究式教学方法。

第二节　微课模式下的英语听力教学

一、微课模式对英语听力课程教学的影响

作为英语学习者必须掌握的一项基础技能，英语听力在交际活动中起着重要的作用。微课模式的兴起为英语听力课程指明了教学改革的方向，对该课程教学产生深远的影响。从积极方面而言，微课模式能使学生更了解英语听力课程教学目标，使其能自主选择学习的内容、时间、地点、交流对象，同时方便教师在管理后台收集学生的反馈信息，并相应调整教学内容。但不能否认的是，微课模式因时长过短以及本身对非语言信息过滤的机制，也会对英语听力课程教学造成负面的影响。

（一）微课模式对英语听力教学的正面影响

英语听力课程教学由于微课模式的引入从而使课堂更加立体。在以往的英语听力课堂教学过程中，教师主要负责按照教材规定对听力训练材料合理进行安排。而学生主要负责仔细听材料内容后做题，比照答案后再做题，依此循环往复，学生充当的只是一个做题的机器，负责完成听力训练工作，没有完全领会每项听力练习内容背后蕴含的目标指向，其学习效率不高。但是在微课模式中，微课视频具有短而精的特点，可以让学生能够对每堂课的学习目标和学习方法有全面的了解，在进行听力练习时能够有所准备，带着问题听，这对于提高学生学习效果具有促进作用。

英语听力课程教学由于微课模式的引入使教师更容易掌握教学进度。在从前的英语听力教学中，教师负责讲解英语听力的方法，分析听力题的解法，然而不能全面掌握学生对这些知识的理解程度和应用能力状况，从而不能根据具体教学实际调整教学方案。但是微课模式可以让教师通过系统后台监测到学生的听课情况，包括听课人数和学生的疑难问题，进而合理安排听力教学内容。当微课视频观看人数较多时，就证明学生不易掌握这个知识点，所以教师应该加强该项知识点的专项练习，帮助学生有效掌握知识概念。比如，连读在英语听力中是学生比较难掌握的一个知识点。对于这种类型的微课视频，学生观看得比较多，而且学生也提出他们在段落听写板块也经常出现这种错误。针对这种情况，教师就应该在设计这类微课视频时遵循两项原则：一是使学生掌握英语连读的规律；二是运用技巧使学生灵活运用连读规律认读英语单词。微课视频和传统课件的相同点是都能将英语连读的规律直观地展示给学生；不同点是微课视频在英语连读知识点讲解时能够根据学生接受程度适时调整教学进度，不断提高教学难度。教师可以利用微课视频，按照从初级到高级的难易程度使连读单词的听写专项练习贯穿于单词连读主题教学过程始终。教师可以从系统后台，查看学生每个阶段的学习情况，按照重点、难点有针对性地辅导学生。

英语听力课堂由于微课模式的引入使学生掌握了学习的主动权。学生可以根据自己的实际情况自由决定什么时候在什么地方开始学习，而且能够按照自己的学习能力灵活选择某个知识点的学习环节、强度和节奏，从而提高学习的实效性。与此同时，通过微课视频的弹幕功能，学生能够在学习时互相交流学习感悟，讨论疑难问题，实现与教师之间多对多的无障碍实时交流。教学过程中的交流主体也由教师转化为学生。

（二）微课模式对英语听力教学的负面影响

微课模式具有双面性，既能够提高英语听力教学质量，又会产生不利的影响。首先，因为微课视频有时长限制，一般控制在 5~10 分钟，所以微课模式下的听力课程时长短，只适用于音素、单词、短句的听力讲解，不能解读类似于演讲讲座、脱口秀节目等超时长听力材料。而且教师如果在一个长篇听力材料中截取一部分将其制作成小段的微课视频，那么就容易破坏原文的语篇连贯性，使学生难以理解。所以，微课模式使教师的选择面变窄，即只能针对片段性语句的听力方法和技巧进行讲解和练习，不能开展长篇英语材料的听力讲解和练习。这就阻碍了学生英语听力的全面发展和提高。其次，微课模式使英语听力教学变得网络化而且逐渐占据了教学重点，推动了英语课程教学的远程网络化发展。然而，正如大家都了解的，英语是一门语言学科，语言学习就需要面对面沟通，而在网络远程教学过程中，学生进行听力学习时无法真切感受到对话双方的五官和言行等其他非语言信息。这些非语言信息可以提高交际活动主体和客体对交流内容的理解能力，减少语言交流障碍。但是网络化的微课教学方式完全体现不出这类信息的作用，导致今后学生之间甚至与本民族语言使用者进行交流时不能准确传达信息，阻碍了双方的人际交往，也与听力教学的目标相背离。

　　微课模式的教学方法可以使学生对英语听力课程的整体构成框架有全面的把握，提高学生的课堂参与性，培养学生浓厚的学习兴趣，从而使英语听力教学以教师布置课程转为学生自由选择学习内容。学生在微课视频内容、观看时间、学习地点、观看次数和互动情况等方面具有充分的自主权。教师则通过系统后台对微课视频的点播情况等数据进行汇总统计，可以明显提升英语听力课程的教学效率。但是，微课模式对英语听力课程教学会产生一些不良影响。比如，课视频的时长不能满足长篇英语听力材料的教学需求，微课模式不能体现出非语言信息的优越性，等等，这些问题降低了英语听力课程的教学质量。总之，微课模式对英语听力教学有利也有弊，能否妥善处理二者关系，决定了今后微课模式在英语听力教学中应用的长远发展。

二、微课模式下的参与式英语听力教学设计

　　听力理解是一个复杂的互动过程，而不是一个简单的被动接收过程。学生在注意重读、韵律结构、语调、句法及语义的同时须结合即时语境和特定的社会文化背景对话语进行综合分析理解。要完成这一复杂的心理活动，学生的注意力必须高度集中。心理学家认为，一般成年人的注意力广度为 20 分钟，超过 20 分钟后注意力会减弱。而微课内容短小精悍，时长通常在 10 分钟左右，符合学生的注意力特征，有利于学生有效地进行听力训练。来自欧美国家的主要媒体上的国际要闻和热点话题，经过后期的制作，相关人员将相关的背景知识、词汇等语言知识和原版视频有机结合起来，并以听力测试的形式将其呈现出来。每一个学习模块设定一个主题，并根据学生的英语水平提供不同难易程度的听力内容。学生在课后可以通过网络平台上的微课自行完成听力训练和测试。针对听力中出现的问题，学生可以通过电子邮件、微信等手段进行交流互动。课上，教师帮助学生解决在听力中遇到的困难，总结问题调整听力材料内容，同时结合听力情况有针对性地向学生传授听力策略，如定向注意、选择注意、自我管理、自我监控、自我评价、演绎推理等，并引导学生在听力过程中灵活运用这些策略。

　　在听力选材方面，听力材料应能要充分发挥合作小组的作用。每个小组须根据不同的主题上网搜索听力材料以及相关背景知识的文字阅读材料，并将之上传到网上，定期轮流分组结对进行交流讨论，由教师进行评价考核。课后，教师结合学生收集的资料，根据不

同的主题建设文化背景知识资料库。小组活动可以最大限度地提高学生的学习热情和自觉性。这样就改变了传统教学课程中教学内容枯燥单调的特点，将其转变为具有多样性、层次性、广泛性的教学内容。这些内容适应学生的学习能力、个体需求，同时也满足了不同学生的需要。

按照这个学习模式，学生掌握了学习的主动权，不再单纯地被动接受教师的灌输，而主动寻求学习内容，自觉完成学习任务，以达到提高自身综合素质的目的。

妥善处理听力材料的难易程度，可以帮助学生缓解学习压力，消除畏难情绪，提高学生听力水平和积极性。美国应用语言学家克拉申认为，语言习得是通过最佳语言输入来完成的，而且是大量的可理解输入；挫败感等负面情感会降低英语学习的效果，而成就感等正面情感则相反。微课模式下的参与式英语听力课程相对于传统教学模式的优势，就是能够提高学生的听力理解力和消除他们学习中的负面情感。

采用微课模式的英语听力教学使英语学习从传统的单调刻板转变为自由灵活，对于提高学生获取和处理听力信息起到了促进作用，提高了学生的英语综合应用水平。微课教学提高了英语听力教学中学生的参与性，教学内容得到优化，注重学生的个体化需求和学习能力的差异性，主张学生应加强互动交流、共同进步，增强了听力教学的实效性，改善了教育生态系统。现在微课模式在英语听力教学课程的应用还处于起步阶段，为我们进行更全面、立体的调查研究和实践应用提供了发展空间。

三、视听教学的基本步骤

视听教学在教学设备上经过了从早期的视听设备如留声机、电影放映机到较为现代化的磁带录音机、数字多媒体语言实验室的发展和进步；在技术手段上从物理录音、电视机播放更新为集多媒体技术于一体的计算机辅助教学；在教学内容上从单一的课程配套录音、广播扩展到电视、网络全方位多元化丰富的视听资源。教育技术和教学手段的发展促使英语教师改变教学观念，提高信息技术的应用能力，以提高英语视听教学的效果。

基础教育阶段的英语教学基本上没有专门的视听课，视听教学是根据教学内容的需要穿插进行的。作为一项技能的训练，视听教学有以下五个基本步骤：

（一）教学题材的选择

教学题材的选择应根据最新的英语课程标准的要求和教学内容、教学需要来确定。视听教学题材有课文录音、与课文配套的动画片、英语歌曲等。在英语教学的初级阶段，教材的每个单元都有配套的视听素材以配合课文的教学。这些素材有的是与教师用书配套的，可以直接使用；有的则需要到出版社的网站下载。英语教学在进入中、高级阶段后，一般需要教师自己去找视听素材。教师在选择材料时，要注意难度的把握，由易到难，层层深入，切忌急功近利。

（二）视听素材的获取

教师可通过如下四个渠道获取视听素材：

1. 课本的配套素材。这类素材的针对性较强，在难易度上基本上与课文相一致。

2. 市面上的视听材料。目前这类素材十分丰富，主要以影视、动画片为主，其难度相对较大，对教师的选择能力要求较高。因此，教师往往很难选择到与教学内容难易度相当的题材。

3. 网上下载。互联网上各种各样体裁的视听素材，如影视、广播、名家演说、戏剧故事等，虽是当前英语教学中最为真实的素材，但在使用中不可避免地存在难易度不好确定、下载受限等问题。

4. 教师自己采集和制作。教师可根据教学内容的要求，自己现场录制或将自己平时积累的素材制作成与教学内容相符的教学视听素材，当然这就要求教师具备一定的信息技能应用能力。

但是，不管采用哪种方式，一定要将获取到的视听素材转换为数字格式，以便在视听工具上播放。

（三）电子课件的制作

多媒体计算机辅助教学可以将图像、文字、音视频等整合在一起，从而使教师在视听说教学时再也不用一边看投影、一边操作录音机或录像机了。在电子课件中，各种媒体文件通过超级链接的方式联系在一起。Microsoft Office 中 Word 和 PowerPoint 的超级链接功能十分强大。超级链接不但可将一个文本文件和另外若干个文本文件关联起来，让使用者在这些文件之间进行跳跃式切换，而且可以将文本文件和音频、视频、图片关联起来，甚至可以使文本文件和其他应用程序关联起来，使课件使用者可以在不离开当前视窗的情况下启动并运行其他应用程序。在制作好课件后，教师要检查课件中的音频文件的录音质量是否能满足教学需要，音量是否过低或过高等；在确定各部分都正常的情况下，再对课件进行试运行。试运行有两个方面的含义：①检查电子教案是否符合设计要求，各种超级链接是否正常，各组件之间的切换是否顺利；②在条件允许的情况下将课件放到不同配置、不同档次和不同操作系统的计算机上运行,看课件和不同计算机的软硬件是否兼容。超级链接一般对所关联文件的路径有比较严格的要求。比如,教师在某一台计算机上制作电子教案时,将相关文件都存放在 D 盘上,而教室里的计算机没有 D 盘,这时就可能无法找到文件的关联地址,无法完整播放课件。解决这一问题的方法有两个:①在制作电子教案之前就考虑到这一问题,将相关文件都保存到 C 盘的桌面上。因为任何计算机都有桌面。这样就不会因为路径问题而导致电子教案无法运行。②将制作完成的电子教案及需要链接的所有音视频文件等放在同一文件夹整体打包后复制到移动存储设备中。

(四) 视听教学的实施

在视听课教学前,教师应提前几分钟到教室,检查所在教室的计算机是否安装了媒体播放工具,课件是否能够正常播放,以避免上课时手忙脚乱。为预防教室计算机里的播放软件与课件不兼容,通常可在移动存储器中预备教学所需的各种软件工具,以便于一旦出现播放器与课件不兼容等问题可以随时安装。一切准备就绪后,教师就可以开始上课了。

第三节 微课模式下的英语口语教学

一、基于微课的网络环境下英语口语教学特点

在基于微课的网络环境下,高校英语教学表现出以下几个特点:

(一) 教学的资源越来越丰富

随着信息技术的不断发展,互联网上汇集了大量的知识信息,有些网站拥有非常丰富而优质的教学资源。对于很多口语学习和训练的资料及软件,人们都可以从互联网上免费下载。教师和学生都可以方便快捷地从互联网上获得大量的英语口语的学习素材,传统教学中资料不丰富、素材不实用的缺陷很好地得到了弥补。

(二) 突破了学习时空的限制

通过网络进行学习时,学生将不再受到时间与空间的限制,学生在任何时间、任何地点都可以便捷地登录相关的网站开展口语的交流与训练。

（三）学生学习口语的热情和积极性被充分调动

互联网上一些英语教学的网站和平台会刻意迎合青年学生的心理特点和习惯，以声音、视频、图画、动画作为载体将学习内容呈现在学生面前，调动和激发起学生的学习热情以及积极性。

（四）个性化的自主学习更容易实现

网络上的知识浩如烟海，比教师及教材所能承载的信息量要大得多。学生通过互联网开展学习，有更多选择的空间，他们能够自主掌控学习的进度，从而提升了学习效果。

二、基于微课的网络环境下高校英语口语教学程序

高校应当将网络技术引进到英语教学中来，在网络的基础上建立起高校英语口语教学的新模式，应引导学生登录网络进行英语口语的训练和学习。这种形式的学习使得学生不再受到传统教学局限性的影响，随时随地可以利用空闲时间开展口语练习。而且这种口语学习的方式比较直观、生动、活泼，有着很强的互动性，符合青年学生的喜好，能够调动起他们学习的积极性和参与热情，比较容易实现大学口语教学的目标。教师的教学应当以学生为中心，重点关注教师与学生之间、学生与学生之间的协作情况和对话情况。教师应当首先对互联网上的信息加以筛选和组织，然后再将之提供给学生，正确引导学生开展口语练习，有效提高他们的口语交际能力。教师可以按照先布置课堂任务，再进行课前教案准备，在课堂上展示资料，对学生的学习成果进行评价并向他们进行反馈，最后进一步巩固并且提升学生学习效果。

（一）布置任务

每堂口语课结束前，教师通常会向学生布置一些下堂课的练习，将具体的要求以及内容上传到班级的公共平台，包括练习的注意事项、评分的标准等，教师应使练习的主题应当丰富多样，题型应当活泼、有趣味；还可以将一些参考资料同时上传至公共平台上，以方便学生在练习时加以使用。口语练习小组可以根据这些上传的作业及要求选择本组的练习内容，在确定好采取哪种练习方式后报告给教师。教师可以通过公共平台与学生开展交流和互动，在需要的情况下，给予各学习小组的学生以具体指导。

（二）课前准备

我国的大学生在进行口语交流时能够脱口而出的词汇非常有限，而且大部分学生的口

语交流用词雷同，还有的学生每当需要用口语进行交流时总会觉得自己的大脑中无词可用。随着网络的日益普及，学生可以利用互联网进行口语学习，英语教师应当根据自己的经验，为学生提供一些必要的指导，提醒学生要区分清楚口语同书面语的不同，指导学生将一些书面语转化为口语，以提高口语教学的实用性。

网络上可以用于英语口语交流的平台和工具日新月异，层出不穷，比如微信、微博以及聊天室，还有一对一口语教学平台，从而使得人们用英语交流的渠道更加多样化，人们既可以公开地使用英语进行交流，又可以采用私下的交流方式，文字、语音、视频都可以成为交流的方式。在网络上，人们往往可以不必公布自己真实的身份，这时候一些生性内向的学生反而会放平心态，自然地与他人进行英语的对话和交流。网络上有一种专门用于英语交流的聊天室，这里汇聚的都是英语的学习者，而且有一些口语纯正的外籍人士。学生可以在这种平台上顺畅地与他人进行与作业相关的口语练习及交流。

在网络上，大学生还可以自主创建自己所属的聊天室，然后邀请同学、教师、网友进入，共同展开口语的交流，在聊天室中还可以开展一些简单的辩论或者讨论。但有效开展口语交流的前提是要做好聊天室的管理。这时候教师应当选择一些实用性的主题，引导聊天室内的人员开始交流和讨论，教师要对聊天室的话题进行必要的引导，给予一些口语基础较差的学生以一对一的辅导。学生也要充分利用好这种平台，令自己的语言水平不断提高。

（三）课堂展示与评价

口语练习小组应当每隔一段时间在课堂上展示一次自己的学习成果。教师要引导学生将各种准备展示的口语资料上传到班级的公共网络平台上，使其他学生也可以对这些内容进行观摩和讨论。各小组通过自己准备的图片、文字、视频、音频等来展示本组的学习成果，使得学习成效进一步提升。其他学生不仅可以观摩各小组的表演，而且可以对这些表演进行评价和讨论，这些评价和讨论的内容可以被实时上传到班级的公共平台。表演结束后，教师和学生可以一起按照既定的标准为各组的展示打分。最后，由教师对每一组给予综合的评定，肯定好的方面，指出存在的问题。每当一个阶段的公开展示活动结束后，教师可以将表现突出的展示资料保存到班级的公共平台上，以使展示资料起到参考的作用。

（四）巩固提升

语言学总结出了语言学习的过程，那就是知晓、学会、熟悉、自动使用。其中，学生通常可以在课堂上知晓和学会教师所教授的知识，而熟悉和自动使用知识则需要在课堂之外经过大量的练习才能实现。因此，英语教师还应该针对学生的实际需要，通过自己的努力建立英语口语资源库，以满足学生在大学期间进行口语学习的需要。在组建口语资源库时，教师应当根据不同的训练目标将资源库分为不同的模块，如听力检验专区、发音模仿专区、绕口令专区、角色扮演专区等。因为不同的学生会有不同的心理和人格特点，而且他们的年龄段、学习语言的能力、情感的经历、学习的习惯都会各不相同，此前学习英语的经历及程度也有所不同，这样就会使得学生英语的听与说的能力参差不齐。

所以教师在进行教程设计时要充分考虑学生的性别、个性及英语水平等因素，同时还应该设计出一套相应的监控系统，以便于随时掌握学生的学习情况。

综上所述，基于微课的网络环境下，口语教学实验在整合教学资源、强调学生主体性方面发挥了积极作用。它代表着现代教育技术发展的最新趋势，不仅更新了教育理念，而且革新了教学方法，优化了教学环境。对该模式的进一步研究和探索必将促使高校英语教学更完善成熟。

第四节 微课模式下的英语阅读教学

一、微课在高校英语阅读中应用的价值

（一）可以满足社会经济发展的现实需要

现阶段经济社会飞速发展，使用英语的行业不断增加，英语已经成为很多场合的必备交流工具。特别是在涉外国际贸易活动和外事活动中，英语的交流水平起着至关重要的作用。

当今全社会对教育越来越重视，英语也是家长和教师关注的重点科目，因此，为了满足社会对于英语人才的需求，高校应当将微课引进高校英语教育中。

我们现在已经进入了微时代，手机、电脑都可以作为一种工具来帮助我们获得需要的信息。而且这个过程更加方便、快捷并且高效。不仅是教师还有学生，以及教与学的各种人群都可以随时享受互联网带来的这种便利。所以，在我国的高校中推广微课是符合时代发展需要的。

（二）创新高校英语阅读的教学模式

在高校英语教学中引入微课不仅能够创新高校英语阅读的教学模式，而且会有力推动

高校的教学改革。微课是一种新型的教学模式，信息化是它的基础。这种教学模式能够显著提高学生学习英语的热情和兴趣，使一些学生在英语学习过程中的实际需要能够得到很大程度的满足。微课可以改变传统的教学模式，督促高校英语教师努力提高自身的教学水平，转变过去长期秉持的旧的教学观念，带领学生向着良性的教育改革的方向前进。将微课引入高校英语阅读教学后，也可以使教学的结构得到优化，推动高校加快教学改革的步伐。

（三）有利于构建新型平等的教学关系

以往多数高校英语教师在阅读课上习惯使用多媒体设备来开展教学，在课堂会将重点放在对阅读中的重点以及难点的讲解上来，通常都以人数很多的大班的形式来进行授课。在这种情况下，教师只能采取满堂灌的形式，因为人数过多会导致教师无法——与学生进行互动。缺乏有效的互动和有针对性的辅导，教学就很难产生良好的效果。

如果把微课的形式引入高校的课堂中，一个个简单的视频能够分单元、有重点地将知识点详细地进行展示。当使这些短视频参与到教学中来后，教师只要进行适时的引导，针对学生提出的重点和难点进行讲解即可。如此，不仅能够激发起学生探究知识的热情，锻炼了学生独立思考问题的能力，而且能加强师生间的互动，增加了其交流感情的机会，营造出一种平等、良好的学习氛围。

二、微课模式下的高校英语阅读教学策略

（一）创建以微课为主的英语阅读教学模式

把微课与高校英语教学结合起来的模式，能够使高校的英语教学保持一种良好的发展势头，实现全民化，体现实用性。所以高校教师应当彻底改变过去传统的教学观念，将学生作为教学的主体来对待，努力培养学生自主学习的能力，树立起新的以学生为本的教育理念。教师先要将英语教学的目标明确下来，提前构建和预设好一个微课教学的基本框架。与此同时，教师还要与学生进行充分的交流和沟通，要建立起一个方便快捷的交流平台，以便及时了解掌握学生的动态和需要。

（二）高效整合高校英语阅读教学资源

教师要有意识地整合高校的阅读资源，下大力气增加学生的词汇量，以保证微课的教学模式能收到预期的效果。在学习英语单词时，绝大部分学生采取的都是死记硬背的方法。实际上，这种方法的效果并不理想。而利用微课开展教学时，教师可以充分利用微课的科

技手段,让词汇"活"起来,通过动画、拟人的手法让单词变得易于记忆,如此可以吸引学生的注意力,提高其学习的兴趣。而且微课可对学生的学习效果随时进行检验。

(三)加强文化背景知识的学习

高校英语教学要把讲英语的国家的文化知识和社会背景的教学融入教学的过程中。因为语言的教学同文化的背景有着非常紧密的联系,所以教师应当通过文化背景的讲解来增加学生相关的英语知识。这对于学生英语综合水平的提高大有裨益。

在利用微课的过程中,教师可以将英语文化知识、社会背景资料、讲英语的国家的经济制度、历史地理知识等都制作成短视频,以帮助学生生动直观地了解相关的知识,提高其阅读理解的能力。

(四)促进学生间的自主学习与合作探究

微课教学有其非常明显的优势。例如,它用时简短,重点和难点突出,学习的方式灵活多样,使学生可以在此基础上便捷地进行沟通与合作。又如,教师可以预先布置"微预习"的作业,将下一课要学习的课程内容公布在微平台上,引导学生提前进行预习和讨论。微课教学还有一个优势就是它通常都有着比较正规准确的字幕,可以使学生反复观看视频,对字幕中的一些重点进行反复记忆和学习,使学习的成效得以提高。

可以看出,高校引进微课不仅可以提高学生学习的效率、阅读能力,而且能够很好地体现教学的整体结构,不断为社会输送合格的英语人才。

三、微课在英语阅读教学中的应用

随着教育信息技术的发展,微课已经融入人们生活的许多领域,并改变着人们的生活方式和工作方式。可见微课可以成功地运用于高校英语的教学过程中。但是截至目前,还没有一套系统的教学资源可供微课使用,也没有一套成熟的理论来作为教学改革的基础。所以,当务之急是要明确如何将微课运用于高校英语的教学过程中。

(一)英语阅读教学的微课设计原则

1. 功能化

通常一个个微课视频的时长约为 8～10 分钟。在这个简短的时间段内,教师要充分考虑到每个知识点的教学目标。针对英语阅读教学的不同环节,微课视频的设计要突出不同的重点。当为课前阶段所用时,微课的内容应当以课文的文化背景介绍为主;当为课堂阶段所用时,微课的内容可以阅读重难点分析、阅读技巧讲解、教学的主要内容总结、本堂的作业布置为主；当为课后阶段使用时，微课的内容可以是教师对于知识点的详细分析、对于课堂教学内容的总结等。

2. 系统化

微课设计的重点是构建相关的知识体系，需要使一些相互关联的知识以及一些逐渐增加难度的知识同时融进这个知识体系当中。每一个微课都会重点讲解一个知识点。这一个个的知识点最后会变成一个知识的整体。这些以阅读为重点的微课都是围绕着英语教材的一个个知识点展开的。这种展开的方式也有不同。系统化原则要求教师做到以下几点：

（1）教师应详细地分析一些重点和难点问题，使微课不仅体现出知识性，也要体现出趣味性。

（2）教师可以将微课作为英语阅读时文化知识和背景知识的补充，让学生更具有国际文化的理念，以一种小知识的形式引入教学，可以激发学生参与阅读的兴趣。

（3）教师应充分发挥微课的总结性的作用。教师可以通过微课对以前的教学内容进行横向的总结和对比，通过总结改进教学方法，提高自身的教学水平。

3. 兴趣性

如果微课的内容新颖活泼、丰富多样，那么就能吸引学生进行自主的阅读。所以在设计微课时，教师务必将学生的兴趣点作为重点来考虑。如果教师能够顺利营造出一个轻松愉悦的学习氛围，就很容易使学生迅速融入微课的教学环节中。教师应当提前与学生进行沟通，了解学生学习过程中遇到的难点，然后针对这些难点来设计微课视频的主题，以保证学生学习的效率。另外，教师要尽力减少长时间的理论性的讲解过程，要把足够的时间留给学生去用于思考，这样才能真正提高学习的效率。当一小段理论讲解结束后，教师马上就应该安排一段练习以帮助学生理解和消化，还要对学习的效果及时进行跟踪和测试。

（二）微课应用于英语阅读教学的具体流程

微课在英语阅读教学中的应用模式包括前期分析、内容设计、视频制作、课堂设计、评价五个环节。

1. 前期分析

微课是一种新的教学形式，也是一种新的资源。教师在确定微课的学习目标，确定微课的主题时，要充分考虑高校英语阅读教学的目标，结合大纲的内容，使之与学习者的需求相契合。教师在设计微课前要做好准备工作，包括要提前了解英语教学大纲的难点和重点，掌握和明确学生学习的目标，准确预测学生学习的结果，等等。

2. 内容设计

在英语阅读教学中，教师对微课程内容的设计应从阅读技巧、阅读文本类型、篇章结构几大模块来规划。微课的制作应遵循连贯性的原则，使学生更好地建立阅读知识体系和掌握阅读技能。

（1）英语阅读中包含一些基本的阅读技巧。教师应按照每种技巧的理论知识及实践操练的原则来设计阅读技巧模块。阅读技巧模块包括语境中的词汇、主题思想、支持性的细节隐含的主题思想和中心论点语句或段落间的关系、事实与观点、推理、目的和语气和论证等。

（2）不同阅读文本类型具有不同的特点。教师应按照每种文本类型特点来设计微课，使学生用最直观的方式了解每一种文本类型的阅读方法。阅读文本类型模块包括：关注信息功能的阅读文本，如新闻类阅读文本、学术著作类阅读文本等；关注表达功能的阅读文本，如小说故事类阅读文本、诗歌类阅读文本、杂志类阅读文本等；关注呼唤功能的阅读文本，如广告类阅读文本、通知类阅读文本、说明书类阅读文本等。

（3）篇章结构模块中教师应从横向和纵向两种篇章结构入手来设计微课程。横向结构包括并列结构和对比结构；纵向结构包括总分结构、分总结构、总分总结构、因果结构、递进结构等。

3. 视频制作

可以通过以下三种渠道制作微课：

（1）由教师自行根据教学的进度来录制。

（2）由学校专职的信息技术人员指导完成。

（3）交由社会上专业的制作公司制作。录制微视频的工具主要有数码相机、专业摄像机、智能手机，一些专业的软件包括拍大师、会声会影等；有手写板以及一些专业的画图工具；还有一些录屏的软件及PPT。教师需要对录制的视频进行精心的修改和编辑，才能制作出高质量的教学微视频。

4. 课堂设计

微课的一个重要步骤就是进行课堂真实教学过程的录制。一些早期的国外录制的微课程其实就是"翻转课堂"。英语微课非常适用于翻转课堂。在课前开展微课能够引导学生更好地熟悉教学的内容；在课堂上开展微课，有助于课堂教学的推进，增强课堂教学时的趣味性、提高实用性。

第五节　微课模式下的英语写作教学

一、微课应用于高校英语写作教学的意义

（一）顺应当前时代发展

随着社会逐渐进入信息化时代，如今的大学生逐渐成为这个信息时代的重要参与者。在进入大学之前，几乎所有准大学生都会拥有属于自己的手机和电脑，他们通过微信、QQ、微博、论坛等渠道获得外界的信息，很多大学生都患上了手机依赖症，在上课时，即使不带任何东西，都不能离开手机，在上课期间也要实时查看手机。传统的课堂模式已经不再适合现在的学生，无法调动起他们参与课堂的积极性。所以在这样的情况之下，在英语写作教学的过程中，教师也不应该过于墨守成规，一直采用过去的枯燥的教学模式，而应该顺应时代潮流，迎合学生的兴趣，多利用信息化的电子设备进行教学。而微课的形式恰好可以满足这样的需求。

（二）推动英语教学改革

以前传统的英语写作课堂往往时间很短。学生在几十分钟的时间内并不能进行完整的英语写作学习。因为在整个课堂上，教师要进行写作知识和技巧的讲解，还要在这个过程中和学生进行互动，这已经需要消耗整节课的时间了，因此，无法将很多对于写作有用的范文呈现给学生以进行知识的补充；而且如果压缩课堂流程，就会使学生没办法吸收过多的写作知识也达不到学习效果。而微课的优点就在于教师可以通过微信或者是微博的公众号推送课堂上没法对学生进行教学的内容。这样学生就可以利用自己的业余时间选择性地学习观看。这样的教学形式可以让学生产生兴趣，并且可以紧跟时代的脚步，将整个英语学习和教学的模式进行转变，并且推动了教学改革进程。

（三）推进新型教学关系

在大多数的英语学习课堂上，由于时间较短，所以教师想要完成教学目标，就需要将非常多的教学内容快速地传达给学生。而且教学模式一直是教师在讲台上进行讲授，学生

在下面听课，学生要在这种枯燥的学习环境中吸收大量的知识，确实会导致学习效果不理想。同时，教师又会更加无力，无法改善学生的学习情况。而微课的优势就在于可以改变当前的教学模式困局，以学生为主体，以教师为指导。这样可以使师生关系更加和谐，也能够顺应教学改革的步伐，提高学生的实际学习效率。

二、在高校英语写作中应用微课的教学策略

（一）从应用模式入手

1. 对课堂辅助的应用

高校英语的教学侧重点和中小学的英语课堂上的教学侧重点是不一样的，高校英语教学旨在使学生在毕业进入社会之后能够有能力在交际方面运用英语进行表达，所以注重在写作方面进行学生交际能力的综合培养。在今后的英语教学中教师应该重视多媒体在课堂中的作用，利用微课将在课堂上无法传达到的知识点进行讲授；在简单又非常生动有趣的视频中，用最直观的方式，对一些知识点进行归纳总结；并且结合其他优秀教师的视频，对自己的教学视频进行改善，真正达到预期的教学效果。

2. 对预习复习的应用

在微课对于教学的补充中，除了对于课堂上重要知识点的强调和解读之外，还包括课前预习和课后复习。在上文中已经提到，英语的写作教学因为课堂时间是非常短的，教师要在短时间之内将大量的知识传授给学生，就会造成学生无法有效吸收，过多的教学任务完成得不到位。所以在教学过程中，教师可以利用微课调动学生进行课前预习的积极性，告诉他们在课堂上将会学到的知识，并且对于教学内容进行简单的解释，这样学生就会产生疑问，那么就会带着探索的精神进行学习，更能够积极地参与到课堂中来。课后，教师也可以将学生在知识运用上可能会遇到的问题、知识的重难点做成总结性的微课视频以帮助学生进行课后复习和知识点的巩固。在过去的传统学习中，学生很少会重视对于新知识的课前预习和对于复杂难题的课后复习。而微课利用生动形象的视频可以调动起学生课前预习和课后复习的主动性。

（二）从微课制作入手

1. 对教学内容的选择

首先在内容上，微课应该制作得有针对性并且相对简洁，帮助学生进行知识巩固。比如，教师在内容上只针对一个主题进行讲解就不会使学生产生厌倦的感觉，这样才能产生好的效果。

2. 对教学模式的选择

微课的教学模式采用精简的小视频形式，用最快的速度将要讲解的知识点引入进来并且尽量用通俗的简单的方式讲解出来。它和传统的教学不同，虽然是一种比较便捷的学习方式，但是不能够在教师的管理下让学生进行学习。为了吸引学生主动学习，需要使教学模式采用多种模态，变得更加灵活且实用性强。

3. 注意微课的逻辑性

在进行微课制作时，教师切记要注意微课整体的统一性与逻辑性，使各种教学资源都需要围绕着同一个主题进行选择。这样一来学生在进行微课的学习时才能厘清教学主线，而不是"东一榔头、西一棒槌"地对知识进行松散的记忆。

总之，微课的产生对于教育事业来说是可喜的。微课为教师和学生带来教学与学习的新体验。多种教学手段共同作用是新时代教育发展的新模式，也在英语写作的教学方面提供更多的可能性，使教师的教学能够发挥更大的作用。但是微课虽然具有灵活、丰富等特点，在国内的使用情况却还是不乐观。所以在今后的英语教学中，我国还要继续去探索它的使用，将它对于英语教学的作用发挥出来。相信微课以它自身的优势可以在未来的英语教学上起到更大的作用。

三、基于微课的翻转课堂模式在实用英语写作中的实践

（一）微课与翻转课堂

1. 什么是翻转课堂

与微课视频相同，翻转课堂的理念最早也出现在美国，又被称作"颠倒课堂"或"反转课堂"。

借助于计算机软件技术，教师在课堂授课中，加入了播放幻灯片的形式，极大地提高了学生的兴趣。学生通过网络平台，可以便捷地获取相关的教学内容和演示文稿，以便于自己进行课下自主学习。一般来说，教师所上传的各类教学资源，通常都是免费的，因而深受家长和学生的欢迎。在自主学习的过程中，学生对于所遇到的疑难问题，可以借助于教学视频，对问题的分析会变得更加清晰，从而找出有效的解决方法。

2. 基于微课的"翻转课堂"教学模式的特点与作用

在近年来的高职英语教学中，基于微课的翻转课堂教学模式被逐步引用。教师利用翻转课堂帮助教学，以便于学生更好地理解相关知识点，指导学生进行课下的自主学习。

现代教育的特点由此得到了充分的体现，学生学习英语的兴趣也因此得到了提高。学

生学习的时间和方式也更加灵活，能够满足不同层次学生的需求，更好地实现了因材施教。相比于传统教学模式而言，"翻转课堂"更加灵活新颖。音乐、图片、动漫、视频等丰富多彩的形式，能够吸引学生的注意力，从而营造出理想的英语学习氛围。

（二）实用英语写作课程的性质与任务

实用英语写作课程的首要目标是考查学生的英语学习能力，以及在实际中英语运用表达的能力。无论学生将来从事什么样的工作，写作都是必不可少的一项基本技能。而写作类公共课程对于学生写作能力的提高，有着至关重要的作用。实用英语写作课程的社会实用性较强，教学内容和方法的重点。对于各类文体的写作方法、写作规则、写作技巧，要求学生能够达到熟练掌握的程度，以便于其更好地适应未来工作岗位的实际需求。实用英语写作课程还有着较强的实践性特征。其素材来源于生活实践，经过一定的理论加工，最终再回归到实践的检验之中。在此过程中，学生所学的理论知识逐步转化为实践操作的能力，写作的水平也由此得到不断提高。

（三）基于微课的翻转课堂实用英语写作教学模式实践

1. 前期准备

在进行基于微课的翻转课堂教学实践前，教师要对教学内容进行研究整合，制定教学目标，就要在实用英语的写作上注意结合理论和实践，也就是在课堂上，教师一方面要将写作的理论和技巧进行传授，另一方面也要加强学生对于理论的实际运用，满足人才培养方案的要求。具体所讲授的知识和内容应该包括如何填写注册登记表、如何写通知、如何对于电话留言进行记录、如何进行名片制作等。

教师可以将网上的对于英语写作有帮助的作品放在微课中，尽量多地帮助学生积累写作学习的资源。并且为了监督了解学生在微课上的自主学习情况，可以增加线上答疑、检测、调查等形式。

为了帮助学生在微课的学习中记录自己需要的学习资料，以及可以了解学生的学习情况和反馈，教师应该在微课中建立学生的自学档案，这样教师就可以通过学生档案了解到学生在课下自主学习的时候，具体的学习情况、心得体会、为自己制定的目标及完成情况，如果发现问题，可以吸取经验在下次教学中进行补充完善。

2. 教学实践

在课前，教师通过微课帮助学生进行课前预习，在微课中会向学生介绍在课上将会讲解到的具体内容，并且留下预习的作业。比如，在课上将要讲解实用英语写作中通知的写作方法，那整个课堂需要完成知识和技能方面的两个目标，即完成让学生掌握规范的书写要点和常用句型以及应该注意的事项的知识目标，还有培养其书写英语通知的能力的技能目标。教师通过对比教学和案例教学的方式上传资料，使学生在了解学习内容后，能够通过自主查阅视频和文字资料，完成课前预习的内容归纳。学生在网上提交由教师布置的作业后，由教师进行批改。甚至教师可以在线帮学生解答问题，了解他们的学习感受。

在课中，教师的授课重难点可以根据学生课前在微课上的反馈情况来确定，帮助学生进行知识内化。教师可以在教学的过程中播放视频，设置一些写作的情景然后让学生进行写作练习。练习可以采用自主探究或者小组讨论共同完成的形式。教师在这个过程中对学生进行指导。在学生完成写作任务之后，教师或者集体进行评分。学生不断通过写作和点评更易完成知识建构。

课后，教师应帮助学生进行知识拓展，将学生在课上写出的优秀作品在微课上进行展示，与全体学生分享。教师也可以将举办的其他类型的英语学习活动都可以在校园或者微课中分享。为了鼓励学生，教师还可以给予适当的奖励。

3. 实践效果

相关研究结果表明：从总体接受度来看，大部分学生对新的教学模式表示满意，并且希望今后继续采用；但不同群体之间却存在着差异，英语基础越薄弱的学生，越欢迎翻转课堂模式。在课前、课中、课后三个不同的阶段，学生的接受度依次增加。造成这种现象的原因是，学生的自学能力和自控力欠缺，与课前阶段的要求还存在着一定的差距。大部分学生每天用于学习的时间不足半个小时，有些人甚至几乎不学，真正能够坚持的人寥寥无几。对于翻转课堂教学模式的成效，学生整体给予肯定的态度。人们普遍认为翻转课堂增强了师生之间的交流，提高了学生的信息素养，提高了学生的自主学习的能力和学习的效率。

参考文献

[1] 施莹莹，王红娟，李保丽．英语教育教学理论与实践［M］．长春：吉林人民出版社，2022.01.

[2] 张云．教育转型背景下的高校英语教育模式研究［M］．北京：中国纺织出版社，2022.04.

[3] 于明波．基于现代教育技术的大学英语教学改革路径探析［M］．北京：中国纺织出版社，2022.01.

[4] 黄雪松．大学英语混合式智慧教育研究与实践［M］．长春：吉林出版集团股份有限公司，2022.07.

[5] 李少伟，李款．全媒体时代下大学英语智慧教育研究［M］．延吉：延边大学出版社，2022.03.

[6] 王静．大学英语教育与课程体系建设研究［M］．天津：天津科学技术出版社，2022.09.

[7] 潘丽．大学英语教育教学理论与实践研究［M］．北京工业大学出版社有限责任公司，2022.07.

[8] 尹丹婷．高职院校英语教育教学的理论构建与实施路径［M］．西南师范大学出版社有限责任公司，2022.06.

[9] 高瑞洁．跨文化视角下的大学英语教育研究［M］．长春：吉林出版集团股份有限公司，2022.06.

[10] 孙鹤．大学英语教育教学理论与实践研究［M］．北京：中国纺织出版社，2021.06.

[11] 赵利燕．英语教育的教学方法研究与应用［M］．长春：吉林人民出版社，2021.05.

[12] 王晋娟，涂香伊，李晶．我国英语教育教学模式的改革与创新［M］．长春：吉林人民出版社，2021.08.

[13] 尹平．基于教育生态化的英语教育教学实践［M］．知识产权出版社有限责任公司，2021.09.

[14] 刘蕊．教育生态化视角下高校英语教学创新研究［M］．长春：吉林出版集团股份有限公司，2021.08.

[15] 窦国宁．创客教育理念下的大学英语教学理论与实践［M］．北京：企业管理出版社，

2021.08.

[16] 王媛. 跨文化交际与大学英语教育研究 [M]. 北京：中国大百科全书出版社，2021.

[17] 董延萍. 英语教育与学生自主能力培养 [M]. 北京：中国农业出版社，2021.08.

[18] 高琳，吴勤，王琪睿. 英语教育教学管理与阅读兴趣培养 [M]. 长春：吉林人民出版社，2021.12.

[19] 黄华. 大数据背景下高职英语教育教学创新研究 [M]. 长春：吉林人民出版社，2021.07.

[20] 陆巧华. 英语教育与教学初探 [M]. 北京：北京工业大学出版社，2020.09.

[21] 罗敏江. 基础英语教育实践与创新 [M]. 北京：北京理工大学出版社，2020.11.

[22] 朱光好. 中国文化与大学英语教育融合研究 [M]. 北京：北京交通大学出版社，2020.04.

[23] 李小芳. 英语教育研究方法与论文写作的多维度阐释 [M]. 北京：中国书籍出版社，2020.09.

[24] 赵丽. 互联网背景下高校英语教育的创新发展 [M]. 长春：吉林人民出版社，2020.12.

[25] 曹海霞. 互联网教育背景下大学英语教学体系的反思与重建 [M]. 长春：吉林大学出版社，2020.08.

[26] 王亚敏，潘立鹏，李杏妹. 新时代高校英语课堂与生态教育融合路径研究 [M]. 太原：山西经济出版社，2020.09.

[27] 孙博. "互联网＋教育"视阈下大学英语教学的路径选择与构建 [M]. 长春：吉林科学技术出版社，2020.08.

[28] 张红军. 互联网＋教育背景下大学生英语学习行为投入研究 [M]. 长春：吉林大学出版社，2020.10.